Prof. Dr. Helmut Bruse

Global aufgestellt

Internationale Geschäftsbeziehungen Mittelständischer Unternehmen

UNIVERSITY OF APPLIED SCIENCES

FHDW

FACHHOCHSCHULE DER WIRTSCHAFT
STAATLICH ANERKANNT

Bibliografische Information der Deutschen Nationalbibliothek:
Die Deutsche Nationalbibliothek verzeichnet diese Publikation
In der Deutschen Nationalbibliografie, detaillierte bibliographische
Daten sind im Internet über http//dnbdnb.de abrufbar.

© 2015 Helmut Bruse
Herstellung und Verlag
BoD – Books on Demand, Norderstedt

ISBN: 978-3-7347-80981

Vorwort

Innerhalb des Forschungsschwerpunktes „Managementsysteme und – kulturen" wurde im Jahr 2012 an der Fachhochschule der Wirtschaft (FHDW) in Bergisch Gladbach ein Forschungsprojekt „Internationale Unternehmensnetzwerke von mittelständischen Unternehmen" initiiert. Die zunehmende Globalisierung der Märkte und der verstärkte Wettbewerb durch internationale Konkurrenz, auch im Mittelstand, spiegeln das erhöhte Erkenntnisinteresse unter dem Aspekt der anwendungsorientierten Forschung wider. Das Forschungsvorhaben verfolgte daher das Ziel, einerseits Einblicke in die vielfältigen Verstrebungen und Aktivitäten von KMU auf internationalen Zuliefer-, Kunden- und Logistikmärkten zu erhalten, andererseits mittelständischen Unternehmen Handlungsempfehlungen für das Management ihrer internationalen Geschäftsbeziehungen mit an die Hand zu geben.

Der Fachhochschule der Wirtschaft in Bergisch Gladbach ist sehr daran interessiert, mit ihren Kooperationsunternehmen neben einer Zusammenarbeit im Bereich des dualen oder berufsbegleitenden Studiums auch bei der praxisnahen Forschung zusammenzuarbeiten. Dies ist in der vorliegenden Studie hervorragend gelungen. Professor Helmut Bruse hat als Projektleiter das theoretische Grundgerüst aufgestellt, es mit empirischen Ergebnissen verbunden und daraus verwertbare Ergebnisse und Handlungsempfehlungen abgeleitet. Dafür gilt ihm zunächst mein herzlicher Dank.

Daneben bedanke ich mich bei Herrn Alexander Werheid, der in akribischer Arbeit einen wertvollen Beitrag zur Erhebung der Daten und Analyse der Ergebnisse geleistet hat. Ein weiterer Dank geht an die Unternehmen in der Region, ohne deren Teilnahme an der Fragebogenerhebung diese Untersuchung nicht möglich gewesen wäre, sowie an die Industrie- und Handelskammer zu Köln in Person von Herrn Alexander Hoeckle, der die Befragung durch diverse Kontakte unterstützt hat. Abschließend geht mein Dank an die Geschäftsführung der FHDW NRW gGmbH, die die Studie durch einen Forschungsförderfond ermöglicht hat sowie den Forschungsbeirat der FHDW, der das Projekt durch wertvolle Hinweise bereichert hat.

Angesichts der Bandbreite an Möglichkeiten zur Kooperation mit Unternehmen leistet die vorliegende Studie einen weiteren Beitrag zur Profilierung der FHDW als Hochschule nicht nur mit praxisnaher Lehre, sondern auch mit anwendungsorientierter Forschung.

Bergisch Gladbach, im April 2014

Prof. Dr. Stefan Kayser
Leiter der FHDW in Bergisch Gladbach

Inhalt

1 Einleitung

Das Phänomen der Globalisierung bestimmt heute den Alltag, ausländische Produkte begleiten uns den ganzen Tag und sind uns selbstverständlich geworden. Seit 1990 hat sich die weltwirtschaftliche Verflechtung stark intensiviert. Globalisierung gilt als einer der wichtigsten ökonomischen (und gesellschaftlichen) Trends im ausklingenden 20. Jahrhundert. Unternehmen stehen im Spannungsfeld der Globalisierung, sie sind sowohl Treiber als auch Getriebene der Globalisierung (Bruse 2011). Die weltwirtschaftliche Entwicklung betrifft nicht nur Großunternehmen. Durch die steigende Globalisierung der Märkte und den Wettbewerb im Rahmen der internationalen Konkurrenz verstärkt sich auch für kleine und mittlere Unternehmen (KMU) der Druck international zu agieren. Unter ihnen gibt es Nischenmarktführer (Hidden Champions), aber auch andere Firmen, die weltweit tätig sind und ihre Zuliefer- und Abnehmernetze weltweit steuern. Sie alle sind in diverse Unternehmensnetzwerke eingebunden, die unterschiedlich ausgestaltet sind.

Vor diesem Hintergrund wurde ein Forschungsprojekt „**Internationale Unternehmensnetzwerke von Mittelständischen Unternehmen**" initiiert, das sich mit den internationalen Geschäftsbeziehungen von mittelständischen Unternehmen innerhalb ihrer Wertschöpfungskette befasst. Es betrifft auf der einen Seite die Untersuchung von mittelständischen Unternehmen, auf der anderen Seite die Thematik des internationalen Managements. Unter dem zweiten Aspekt geht es speziell um die Charakteristika von internationalen Geschäftsbeziehungen. Gegenstand einer derartigen Fragestellung sind die Erfassung der Komplexität der internationalen Geschäftsbeziehungen, Effekte, Erfolgsfaktoren sowie Risiken, die sich aus den verschiedenen charakteristischen Typen ergeben, und die Auswirkungen von unterschiedlichen Typen und Strukturen komplexer Geschäftsbeziehungen auf die Wettbewerbsfähigkeit. Damit ist das Projekt thematisch an der Schnittstelle von internationalem Management und KMU anzusiedeln.

Dyadische Beziehungen und netzwerkartige Strukturen haben in jüngster Zeit eine hohe wissenschaftliche Beachtung gefunden, wobei die Aussage aus dem Jahre 2005 von Frau Wittig, die für Deutschland eine Untersuchung der Netzwerkbildung bei Logistikdienstleistern durchgeführt hat, zu den vorhandenen Defiziten der Netzwerkforschung immer noch Gültigkeit hat (Wittig 2005). Neben dieser Analyse zu Logistikbeziehungen sind (im deutschsprachigen Raum) für derartige Beziehungen vor allem die Arbeiten von Rogge 2012 und Kayser 2013 zu nennen, die sich mit internationalen Informationsbeziehungen / Netzwerken befassen.

In dieser Untersuchung stehen – quasi als Ergänzung – die internationalen Geschäftsbeziehungen innerhalb der Wertschöpfungskette im Fokus. Zunächst werden nochmals die Ergebnisse der Erarbeitung des theoretischen Rahmens für das Forschungsprojekt kurz dargelegt (eine ausführliche Erörterung findet man bei Bruse 2015). Unter diesem Aspekt werden zunächst Ansätze zur Erklärung von internationalen Geschäftsbeziehungen, speziell die Gestaltung der Kernprozesse Supply- Chain und Marktbearbeitung, erläutert (2. Abschnitt). Nach der Beschreibung des Untersuchungsgegenstandes in Form einer Befragung (3.Abschnitt) werden die gewonnenen empirischen Ergebnisse dargestellt (4. Abschnitt). Abgeschlossen wird die Arbeit mit einem Fazit und Ausblick.

2 Ansätze zur Erklärung von internationalen Geschäftsbeziehungen

Zunächst steht die Frage nach Ansätzen zur Erklärung von internationalen Geschäftsbeziehungen, der Entstehungsweise und Rationalität von Kunden- und Zulieferbeziehungen sowie der Internationalisierung von Unternehmen im Vordergrund. Es ist die Frage zu beantworten, wie das Zustandekommen von Beziehungen zwischen Unternehmen theoretisch begründet und erklärt werden kann (zu einer ausführlicheren Diskussion siehe Bruse 2015 und die dort zitierte Literatur; diese Überlegungen werden nachstehend dargestellt bzw. übernommen ohne jeweils im Einzelnen konkret darauf zu verweisen).

2.1 Theoretische Basis internationaler Unternehmensführung

Knappheit bildet eine grundlegende Ursache für ökonomische Phänomene wie Tausch, Arbeitsteilung, Märkte, Unternehmen oder Wettbewerb. Wirtschaften bedeutet, rationale Entscheidungen über die Verwendung knapper Ressourcen zur Erfüllung gegebener Zwecke zu treffen. Der Zweck von Unternehmen besteht in diesem Zusammenhang in der wirtschaftlichen Wertschöpfung.

Den größten Beitrag zur Minderung der Knappheit leisten Arbeitsteilung und Spezialisierung. Diese Aktivitäten sind verbunden mit den Aufgaben von Abstimmung und Tausch. Es entstehen Koordinationsprobleme (d.h. Probleme der Information, des Nichtwissens) und Motivationsprobleme bzw. Interessenkonflikte (z.B. ein Akteur verfolgt andere Ziele als der Auftraggeber oder Probleme des Nichtwollens). Damit gewinnen Abstimmungs- und Koordinationsprobleme an Bedeutung; es ist das Organisationproblem zu lösen. Als Kernaufgabe der Unternehmensführung kann man dementsprechend die Unternehmens-Umwelt-Koordination bezeichnen.

Im Rahmen einer Fundierung des Verhaltens von Unternehmen und der Ausgestaltung der Unternehmensführung können organisationstheoretische Erklärungsansätze herangezogen werden. Eine Basis bildet hier u.a. die *„Neue Institutionenökonomie"*, deren Ziel darin besteht, effiziente institutionelle Regelungen zur Organisation des Austauschs von ökonomischen Leistungen abzuleiten. Institutionenökonomische Ansätze liefern eine Begründung der Existenz und der Effizienz von Organisationen. Im Zusammenhang mit der Unternehmens-Umwelt-Koordination interessiert hier speziell die Marktorganisation bzw. Marktstruktur. Erklärungsansätze hierzu liefert die Transaktionskostentheorie bzw. unter deren Anwendung die Internalisierungstheorie.

Die Basisfrage des **Transaktionskostenansatzes** lautet: Warum werden nicht alle ökonomischen Transaktionen über den Markt abgewickelt? Transaktionen sind – entgegen der Auffassung der klassischen Wirtschaftstheorie – nicht kostenlos, man kann bestimmte Transaktionen effizienter organisationsintern, d.h. innerhalb der Unternehmung, durchführen. Die drei charakteristischen Koordinationsformen Hierarchie, Markt und Hybridform (mehr oder minder langfristige Geschäftsbeziehungen, die zwischen Markt und Hierarchie angesiedelt sind) weisen in Abhängigkeit von Spezifität und Unsicherheit unterschiedlich hohe Transaktionskosten auf. Dies ist die zentrale Aussage der Transaktionskostentheorie.

Die Kosten der Marktlösung lassen sich nach ex-ante- und ex-post-Transaktionskosten unterscheiden.

Zu den ex-ante-Transaktionskosten zählen:
- Suchkosten (z.B. Informationskosten, Kosten der Lokalisierung von möglichen Vertragspartnern),
- Anbahnungskosten (z.B. Recherche, Reisen, Beratung),
- Kosten der Vereinbarung (z.B. Verhandlung, Vertragsformulierung, Rechtsabteilung, Einigung).

Als ex-post-Transaktionskosten gelten:
- Abwicklungskosten (z.B. Prozesssteuerung in Form von Tauschkosten, Abwicklungsgebühren),
- Kosten der Steuerung und Kontrolle (z.B. Qualitäts- und Terminüberwachung, Absicherung der Vertragsbedingungen, Einklagung von Leistungen),
- Anpassungskosten (z.B. Nachverhandlungen bzw. Konditionen-anpassung im Rahmen von Vertragsänderungen, Zusatzkosten aufgrund nachträglicher qualitativer, preislicher oder terminlicher Änderungen, Lösung von Konflikten).

Man versucht das institutionelle Arrangement zu erreichen, das zwischen den Transaktionspartnern bzgl. der ökonomischen Austauschbeziehungen eine kostenminimale Abwicklung gewährleistet. Dabei werden diese Transaktionen beeinflusst von den (kostenwirksamen) Transaktionscharakteristika wie:

- die Spezifität der für eine Transaktion notwendigen Investitionen,
- die Unsicherheit der Handlungsumwelt,
- die Häufigkeit der Transaktionen.

Insbesondere die Häufigkeit ist von Bedeutung, denn je häufiger die Transaktionspartner identische Transaktionen miteinander durchführen, umso höhere Skaleneffekte lassen sich realisieren. Diese besitzen ebenfalls entscheidenden Einfluss auf die gewählte Transaktion.

Auch das Problem der Verteilung der Verfügungsrechte wird durch die Transaktionskostentheorie abgebildet, wobei diese die theoretische Grundlage der sog. Internalisierungstheorie im Internationalen Management bildet. Die **Internalisierungstheorie** hat die Fragestellung zum Gegenstand, unter welchen Bedingungen Unternehmen bestimmte Aktivitäten innerhalb des Unternehmens abwickeln, in das Unternehmen „hineinholen", d.h. internalisieren. Sie thematisiert vor allem die Bedingungen, unter denen Unternehmungen bestimmte Aktivitäten intern vollziehen und beantwortet die Frage nach dem „Wie?" der internationalen Geschäftsbeziehungen. Es handelt sich dabei also im Kern um die Übertragung transaktionskostentheoretischer Überlegungen.

Wann macht eine Internalisierung nun konkret Sinn? Es werden gerade Güter internalisiert werden, die immaterielle bzw. intangible Ressourcen von Unternehmen darstellen, z.B. Informationen, Fähigkeiten, Fertigkeiten und Kompetenzen. Es handelt sich also um Wissen, das nur teilweise in Form von Dokumenten ausgetauscht werden kann, z.b. durch Patente, Copyrights oder Lizenzen. Diese lassen sich nur unter besonderen Schwierigkeiten über den Markt beziehen.

Wenn sie unternehmensintern international kostengünstiger als über Auslandsmärkte disponiert werden können, kommt es zu Direktinvestitionen im Ausland. Aber um Direktinvestitionen zu tätigen braucht man Finanzkraft – dies ist bei mittelständischen Unternehmen bzw. KMU weniger der Fall als bei Großunternehmen. Ein Ansatzpunkt zur Lösung dieser Schwierigkeiten ist Bildung von Kooperationen.

Zwischen den beiden Extremformen Markt und Hierarchie gibt es in der Realität weitere Organisations- und Koordinationsformen, ein vielfältiges Spektrum an Zwischenformen und Mischformen, z.B. langfristige Unternehmenskooperationen, strategische Allianzen, Netzwerke (hybride Organisationformen). So kann man die einzelnen Integrationsformen in Abhängigkeit von den Transaktionskosten und der Spezifität darstellen. Unternehmen (Hierarchien) haben unabhängig von der Spezifität die höchsten fixen Transaktionskosten, z.B. der bürokratische Apparat. Sie stellt jedoch eine Vielzahl von Anreiz- und Kontrollmechanismen bereit, die besonders die Durchführung spezifischer Transaktionen erleichtert. Markttransaktionen dagegen zeichnen sich durch die geringsten Fixkosten aus. Da längerfristige vertragliche Bindungen fehlen, sind die variablen Transaktionskosten zusätzlicher Spezifität sehr hoch.

Generell kann eine hybride Koordinationsform weder dem Markt noch der Hierarchie vorgezogen werden, da alle Formen ihre Vor- und Nachteile haben. Zusätzlich ergeben sich Veränderungen durch die Verbesserung der Informations-

und Kommunikationstechnik. Sie reduzieren die Transaktionskosten und führen damit zu einer Tendenz einer wirtschaftlichen Leistungserstellung über den Markt (Move-to-the-Market-Hypothese). Der Zusammenhang lässt sich graphisch wie folgt darstellen:

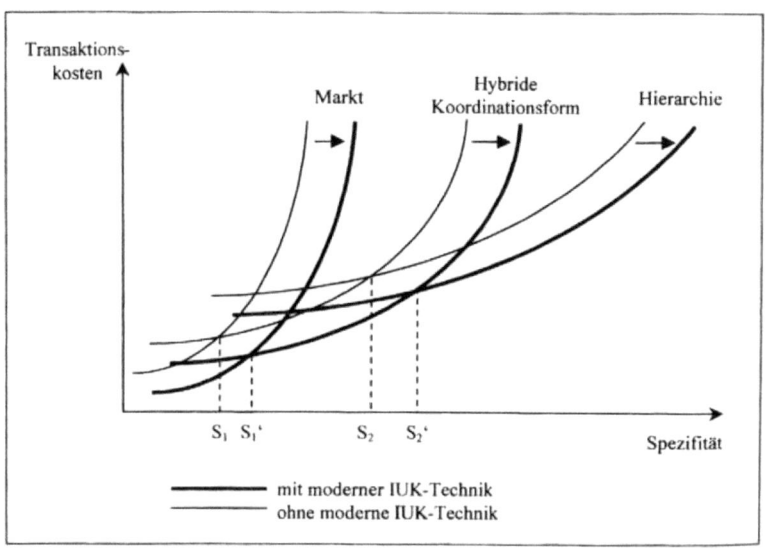

Abb. 1: Move-to-the-Market durch sinkende Transaktionskosten; Quelle: Picot/ Reichwald/ Wigand 2003, S. 72

Bei steigender Spezifität und damit steigenden Transaktionskosten (z.B. durch die Absicherung gegenüber dem Opportunismus des Transaktionspartners) wird ein Punkt S1 erreicht, bei welchem die Abwicklung über eine Hybridform gegenüber dem Markt zu bevorzugen ist. Steigt die Spezifität weiterhin und über schreitet den Punkt S2, sollte der Prozess im eigenen Unternehmen abgewickelt werden. Mit modernen Informations- und Kommunikations-technik verschieben sich die entsprechenden Übergänge zu den Punkten S1' und S2'. Durch diese Entwicklung entstehen durch Vernetzung unternehmensübergreifende Informations- und Kommunikations-systeme, die nicht nur eine bessere Steuerung der gesamten Wertschöpfungskette zulassen, sondern auch eine Tendenz zu Kooperationen und Netzwerkorganisationen unterstützen.

Im Rahmen des internationalen Managements sind vor allem die Ziele der Internationalisierung zu betrachteten. Wesentliche Ziele der Internationalisierung können sein:

- Suche nach neuen Märkten,
- Suche nach neuen Ressourcen,
- Suche nach Effizienz,
- Suche nach strategischen Investitionen.

Aber gerade bei international tätigen Unternehmen besteht die Notwendigkeit einer koordinierenden Abstimmung.

Eine Erklärung für den Internationalisierungsprozess bietet das **Uppsala-Modell** (Johanson / Vahlne 1977; siehe z.b. auch Meckl 2010, S.38ff.) - benannt nach dem Ort Uppsala in Schweden. Zentrale Determinanten des Internationalisierungsprozesses sind nach diesem Modell Lernprozesse, die Unternehmen bei verschiedenen Entwicklungsstufen ihrer Auslandstätigkeit durchlaufen. Dies gilt gerade bei Beginn des Prozesses und ist daher vor allem interessant für Beurteilung KMU.

Als Konsequenz erfolgt die Ausweitung der Auslandsaktivitäten eher inkremental, d.h. in kleinen, gut planbaren Schritten, als revolutionär im großen Wurf. Wesentlich für das Verständnis des Uppsala-Modells ist das Zusammenspiel der statischen und dynamischen Aspekte; jede Entscheidung über einen Ausbau der internationalen Aktivitäten (Commitment Decisions) verändert das laufende Geschäft (Current Activities), was wiederum die Marktbindung (Market Commitment) beeinflusst und zu einer Veränderung der Marktkenntnisse (Market Knowledge) führt; eine veränderte Marktkenntnis bildet die Basis für weitergehende Entscheidungen zur Veränderung des Auslandsgeschäfts (**Rückkopplungseffekt**).

Das Internationalisierungsmuster beruht auf empirischen Studien, die besagen, dass es sich bei der Internationalisierung um einen Prozess handelt. Dies betrifft vor allem die sog. „Establishment Chain" und die sog. „Psychic Distance Chain" (Johanson / Vahlne 1977, S.24).

Die Establishment Chain bezieht sich auf die Formen des Markteintritts und der Marktbearbeitung, wobei dies nach einem idealtypischen Verlauf erfolgt und zwar:
1. Kein oder nur sporadischer Export,
2. regelmäßiger Export
3. Vertriebsgesellschaft im Ausland,
4. Produktionsstätte im Ausland.

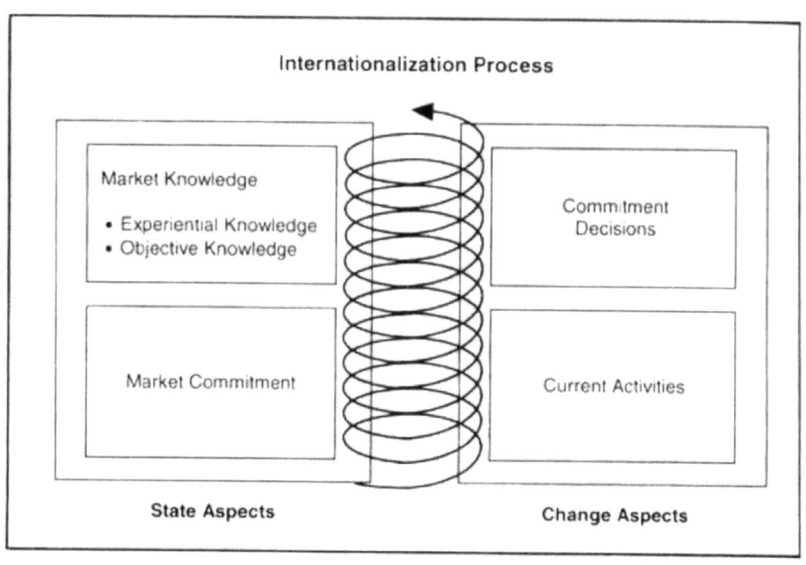

Abb. 2: Uppsala-Modell; Quelle: Kutschker / Schmid 2011, S. 468 nach Johanson /Vahlne 1977 S.76

Die physische Distanz bezieht dagegen auf der geographischen Bereich, in dem die Unternehmen international tätig werden, und zwar konzentrieren sich die Unternehmen zunächst auf die „nahen" Länder, da ihnen diese besser bekannt sind als weit entfernte. Aber auch kleine und mittlere Unternehmen agieren öfter als „Born Globals" und treten häufig recht schnell in mehrere Auslandsmärkte gleichzeitig ein (Roemer 2014, S.27f, Hollensen 2001, S.89).

2.2 Gestaltung der Kernprozesse Supply-Chain und Marktbearbeitung

Zunächst ist – wie oben beschrieben - die Grundsatzentscheidung zu treffen, ob überhaupt eine Internationalisierung durchgeführt werden soll. Die nachfolgenden Entscheidungen beziehen sich auf die Wahl des Markteintrittszeitpunktes sowie der Markteintrittsform und vor allem auf die Markt- und Standortwahl. Danach muss festgelegt werden, in welcher Form sich das Unternehmen in dem Land engagieren will, d.h. wie Wertschöpfungsform, Eigentumsform und Ansiedlungsform behandelt werden sollen.

Im Rahmen der Ansiedlungsform kann auf der einen Seite auf bestehende Ressourcenbündel im Gastland zurückgegriffen werden, auf der anderen Seite besteht die Möglichkeit neu Ressourcen aufzubauen. Bzgl. der Eigentumsform geht es um die Frage, ob die Verfügungsrechte über den Ressourcentransfer im Unternehmen verbleiben, mit anderen Unternehmen geteilt werden oder ganz abgetreten werden sollen – im Prinzip geht es um die Frage nach der Organisationen internationaler Geschäftsbeziehungen zwischen Markt und Hierarchie. Bei der grenzüberschreitenden Konfiguration der Wertschöpfungsform muss geklärt werden, welche wertschöpfenden Aktivitäten im Heimatland und welche im Gastland durchgeführt werden sollen.

Eine wichtige Voraussetzung für die Formulierung einer Marktstrategie bildet die Unternehmensanalyse bzw. die Ableitung der internationalen Wettbewerbsfähigkeit des Unternehmens. Generell geht es um die Situation des Unternehmens bei seinen Kunden, d.h. die Erfüllung markterfolgsbezogener, wirtschaftlicher und potenzialbezogener Zielgrößen im Hinblick auf die Kunden, d.h. Kundenzufriedenheit und Loyalität der Kunden zum Unternehmen sind von zentraler Bedeutung.

Als Methode zur Analyse der Unternehmenssituation kann z.B. auch die modifizierte Wertkette herangezogen werden. Der Ansatzpunkt besteht in einer detaillierten Analyse der Wertschöpfungsprozesse, um daraus Wettbewerbsvorteile abzuleiten. Dieses Wertkettenkonzept bildet auch einen Ansatzpunkt zu einer unternehmensübergreifenden Betrachtungsweise und damit zugleich zur Überwindung von Unternehmensgrenzen.

Die Wertschöpfungsaktivitäten können in zwei Kernprozesse unterschieden werden und zwar: Zunächst der Kernprozess, der sich mit der physischen Versorgung Abnehmer mit Gütern beschäftigt, der Supply-Chain-Prozess. Er beginnt bei den Beschaffungsaktivitäten, beinhaltet die Produktion und endet beim Abnehmer, d.h. er umfasst auch die durchzuführenden logistischen Maßnahmen. Er sichert die Versorgung der Abnehmer mit physischen Gütern. Dann der Kernprozess, der im Wesentlichen auf die Schaffung von Nachfrage abzielt, der Marktbearbeitungsprozess; er umfasst die Schaffung von Innovationen (neue Produkte bzw. Leistungen), d.h. Forschung und Entwicklung, sowie die Vermarktung an die Abnehmer, d.h. Marketing.

Gerade beim Marktbearbeitungsprozess sind die enge Verknüpfung der verschiedenen Teilprozesse und die Schnittstellen zwischen Marketing und Forschung & Entwicklung (F&E) von grundlegender Bedeutung. Das Marketing bringt das Anwenderverständnis ein; so wird aus dem Kundenbedürfnis die funktionale Spezifikation abgeleitet. Im nächsten Schritt bringt der Bereich F&E

17

das technische Fachwissen ein und erarbeitet die technische Spezifikation sowie die technische Lösung. Im letzten Schritt erfolgt durch das Marketing (den
Vertrieb) auf Basis des konsumentenbezogenen Fachwissens die Vermarktung. Die Koordination dieses Prozesses bildet eine wichtige Aufgabe des In-
novationsmanagements.

Im Rahmen der internationalen Geschäftsbeziehungen beantwortet das Marketing die Frage nach Strategien und Instrumenten des Marketings in Auslandsmärkten. Einen wichtigen Punkt dabei bildet bei der Markterschließung zunächst die Konfiguration, die Marktsegmentierung sowie die Marktbewertung
und -auswahl. Danach muss geklärt werden mit welcher Vorgehensweise die
einzelnen Ländermärkte bearbeitet werden sollen. Hierbei stehen zunächst die
Markteintrittsstrategie bzw. die Formen des Auslandsengagements im Vordergrund.

Unter theoretischen Gesichtspunkten kann man die Markteintrittsentscheidung
unter zwei Perspektiven erörtern. Nach dem Transaktionskostenansatz wird der
Vorgang als „Make-or-Buy"-Entscheidung betrachtet. Jeder Markteintritt wird
als Transaktion definiert, wobei mit zunehmendem Wettbewerb die Notwendigkeit von Führung und Kontrolle verringert wird und so entsprechende „low-con-
trol" Marktbearbeitungsformen fördert (z.B. Export). Wenn dagegen der Markt-
mechanismus eingeschränkt ist gewinnen „high-control" Marktbearbeitungsformen an Bedeutung. Der ressourcenbasierte Ansatz fragt inwieweit die verfügbaren Ressourcen ausreichen, um Wettbewerbsvorteile zu generieren. So sind
bei schwer zu imitierenden Wettbewerbsvorteilen Expansionsformen mit vollständig kontrollierten Tochtergesellschaften zu bevorzugen, um die Werte zu
schützen und den Informationstransfer effizienter zu gestalten. Während der
Transaktionskostenansatz neben der Unterstellung eines opportunistischen
Verhaltens und eher von einem einmaligen Ereignis ausgeht, stellt der ressourcenbasierte Ansatz mehr den dynamischen Prozess und die Möglichkeit des
Lernens in den Vordergrund.

Eine grundlegende Unterteilung von internationalen Aktivitäten besteht in Au-
ßenhandels- und Direktinvestitionstätigkeit. Zwischenformen bilden darüber
hinaus Beziehungen ohne Kapitalbeteiligung. Diese Transaktionsformen beinhalten zum einen eine Wertschöpfungsstrategie im Inland (Export) bzw. zum
anderen im Ausland (mit und ohne Kapitaltransfer).

Die Qualität des Vertriebs ist ein entscheidender Faktor bei der Erzielung von
Markterfolg; erst über den Vertrieb ist der Eintritt in neue Märkte möglich und in
Form von Beratung und Problemlösung trägt er wesentlich zum Kundennutzen

bei. Die Entscheidung über Vertriebskooperationen beinhaltet also eine grundlegende strategische Entscheidung. Es ergibt sich ein „Transaktionsformen-Band" mit den Polen Markt und Integration (Hierarchie) mit zunehmender Internalisierung. Im Einzelnen kann man unterscheiden (zu Markteintritts- bzw. Marktbearbeitungsformen siehe z.b. Kutschker / Schmid 2011 oder Schramm-Klein 2012, zu speziellen auch Albach 1991 und Albach 1992):

- Marktliche Transaktionsformen
  - o Indirekter Export;
  - o direkter Export

- Kooperative Transaktionsformen
  ohne Kapitaltransfer
  - o Exportgemeinschaften
  - o Internationale Lizenzen
  - o Internationales Franchising
  - o Managementverträge
  mit Kapitaltransfer
  - o Joint Ventures

- Hierarchische Transaktionsformen
  - o Gründung von Tochtergesellschaften
  - o Akquisitionen

Beim Suppy-Chain-Prozess geht es um den Fluss der Güter und zwar in der Verbindung von Lieferant, Unternehmen und Kunden (einschließlich der damit verbundenen Informationsströme), die Steuerung der Güterströme zwischen Input und Output. Eng damit verbunden sind die Aktivitäten Beschaffung (Sourcing), Produktion (teilweise auch als Operationen bezeichnet) und Logistik.

Im Rahmen der internationalen Geschäftsbeziehungen von Mittelständischen Unternehmen soll hier speziell die Funktionen Beschaffung (Einkauf – Bereitstellung von Werkstoffen) behandelt werden. Man kann Beschaffung (procurement) definieren als „sämtliche unternehmens- und /oder marktbezogenen Tätigkeiten, die darauf gerichtet sind, einem Unternehmen die benötigten, aber nicht selbst hergestellten Objekte verfügbar zu machen" (Arnold 1998, S.3). Die Bedeutung der Beschaffung innerhalb der Wertkette für Industrieunternehmen bei Fremdbezugsteilen von über 50% ist unbestritten. Im Rahmen der Beschaffung gilt es die systematisch-langfristige Gestaltung der (internationalen) Lieferantenbeziehungen zu optimieren. Beschaffung erhält eine strategische Qualität, bei der vertikale und horizontale Verbundeffekte zu realisieren sind.

Die zunehmende Internationalisierung der Unternehmen führt auch zu einer verstärkten Internationalisierung der Beschaffungsmärkte, wobei eine stärkere Einbindung der Lieferanten in den Supply-Chain-Prozess zu beobachten ist. Generell können Unternehmen im Rahmen der Beschaffung internationale Geschäftsbeziehungen aufbauen und kostengünstige und zieladäquate Quellen weltweit nutzen; sie müssen aber auch Beeinträchtigungen der Versorgungssicherheit oder wirtschaftliche bzw. politische Risiken sowie Ex- und Importbestimmungen einbeziehen.

Aufgrund der Austauschbeziehungen zwischen dem Lieferanten und dem Abnehmer entstehen im Rahmen der Internationalisierung der Beschaffung besondere Herausforderungen und Risiken, speziell aus der Abnehmerperspektive. Es geht um die verschiedenen Verlust- und Verzögerungsgefahren bei der Bereitstellung. Beschaffungsspezifisch kann man unterscheiden in politische, rechtliche, finanzielle und soziokulturelle Risiken. Es ergeben sich jedoch auch Risiken aus den spezifischen Eigenschaften und Verhaltensmustern der Lieferanten. Man kann hier unterschieden nach Leistungsrisiken (wie Qualitätsmängel, Know-how-Mangel, Kapazitätsengpässe, Lieferfehler oder Lieferantenausfall) und Verhaltensrisiken (wie Adverse Selection, Hidden Action, Hidden Intention).

Speziell die Entscheidungen zu den Transaktionsformen beinhalten verschieden Optionen zwischen Markt und Hierarchie, wobei kooperative Engagements an Bedeutung gewinnen. Gerade im internationalen Bereich stützen sich die Unternehmen auf verschiedene Formen des direkten oder indirekten Imports. Im Fall der Eigenerstellung werden die Kernaufgaben der Beschaffung selbständig durchgeführt. Im Rahmen von hierarchischen Transaktionsformen erfolgt die Beschaffung aus dem Unternehmensverbund, z.B. als Beschaffung durch eigene Organe im Ausland.

Als zentrale Aufgabe des Beschaffungsmanagements gelangen Lieferantenbeziehungen und ihre systematische sowie langfristige Gestaltung immer mehr in den Fokus. Hier ist das Kräfteverhältnis zwischen Lieferant und Abnehmer von besonderer Relevanz.

Gerade unter der Perspektive „Lean Production" (Verschlankung des Produktionsprozesses) heißt die langfristige Gestaltung in erster Linie zunehmendes Outsourcing bei gleichzeitiger intensiver Einbindung wichtiger Zulieferpartner. Dabei können vertikale und horizontale Verbundeffekte durch Kooperationen mit Lieferanten und/oder anderen Beschaffern realisiert werden.

Lieferpotenziale aus vertikalen Verbundeffekten resultieren in erster Linie aus einer engen Zusammenarbeit mit (ausländischen) Lieferanten. Das Ziel horizontaler Verbundpotenziale besteht dagegen eine verbesserte Abstimmung von Unternehmen auf der gleichen Wertschöpfungs- bzw. Marktstufe (sie spielen bei der Erschließung ausländischer Beschaffungsmärkte eine große Rolle). Beschaffungsnetzwerke (Abnehmer-Zulieferer-Kooperationen und Supply Chain Management) sind primär vertikal ausgerichtete Kooperationskonzepte, dagegen setzen Beschaffungsallianzen (Einkaufkooperationen) auf eine horizontale Zusammenarbeit durch gemeinsame Beschaffung.

Abnehmer-Zulieferer-Kooperation

Bei der Abnehmer-Zulieferer-Kooperation handelt es sich um eine dauerhafte und intensive Beziehung zwischen Lieferant und Abnehmer, um „echte" Wertschöpfungspartnerschaften. Verantwortlich für die Entstehung ist in der Regel eine Reduzierung der Fertigungstiefe, diese erzwingt eine Neustrukturierung der Wertschöpfungskette. Ziel ist es u.a. die mit der Reduzierung der Fertigungstiefe einhergehenden Koordinationsprobleme externer Zulieferer zu puffern. Bezieht sich die Zusammenarbeit auf ein komplettes Modul bzw. System, dann erbringt der Zulieferer zusätzlich eine logistische Integrationsleistung durch die Steuerung der Sublieferanten. Manchmal kommt ebenfalls ein Teil der Entwicklungsverantwortung hinzu. Die Teilnehmer profitieren von steigenden Spezialisierungsvorteilen, sinkenden Komplexitätskosten und erhöter Flexibilität. Allerdings erfordert der Prozess eine Abstimmung zwischen Lieferanten und Abnehmer mit Hilfe von hierarchischen Koordinationsmechanismen, z.B. durch unternehmens-übergreifende Entwicklungsteams vor Serienanlauf bzw. wechselseitiger Abstimmung der Produktplanungen während der Serienproduktion – speziell um auch Just-in-Time-Anlieferungen, evtl. sogar Just-in-Sequence-Anlieferungen zu gewährleisten. Um den klassischen marktlichen Abstimmungsprozess weitgehend zu substituieren werden längerfristige Lieferverträge abgeschlossen.

Ein Schwerpunkt dieser Art von Kooperationsbeziehung liegt in der Gestaltung der Austauschbeziehung zwischen (System-)Lieferant und Endprodukthersteller, wobei sich die Neustrukturierung der Wertschöpfungskette in Form einer Zulieferpyramide darstellen lässt. Genereller Ansatzpunkt ist der Abnehmer-Zulieferer-Kooperation ist, dass nur ein gemeinsamer Erfolg der Kooperation zu einer individuellen Besserstellung führt.

Beschaffungsallianzen

Während die positiven Effekte der eben beschriebenen Kooperationen auf dem Gebiet der Beschaffung vor allem aus einer verbesserten vertikalen Zusammenarbeit resultieren erbringen horizontale Kooperationen ihre Effizienzsteigerung vor allem auf der Basis von Größenvorteilen. Dabei handelt es sich vor allem um:

- Bessere Auslastung der Ressourcen durch eine hohe Homogenität der Beschaffungsobjekte (short-run supply economies of scale),
- Erweiterung der Kapazitäten durch kosteneffizientere Verfahren wie z.B. E-Procurement, d.h. Steigerung der Faktorproduktivität (long-run supply economies of scale),
- bessere Nutzung der Infrastruktur der - als Kooperation gestalteten - Beschaffungsabteilung (supply economies of scope),
- vermehrtes Wissen der Einkaufsfachleute und zusätzliche Effekte auf Basis der Beschaffungs-Erfahrungskurve (supply economies of information).

Bei dieser Art der Kooperation steht der strategische Aspekt im Vordergrund. Die Grundlage bildet in einer ersten Phase die Gestaltung der geeigneten Strukturen für die Durchführung der gemeinsamen Beschaffung (Dimension Schaffung einer geeigneten Projektstruktur), wobei die Durchführung selbst in einer zweiten Phase in (sieben) Einzelschritte zerlegt werden kann (Durchführung des kooperativen Beschaffungsprozesses).

Strukturierung der Wertschöpfungskette

Eine zentrale Aufgabe des internationalen Wertschöpfungsmanagements besteht in der Gestaltung und der Führung der einzelnen Wertschöpfungsaktivitäten bzw. Wertschöpfungsprozesse. Wettbewerbs-vorteile von Unternehmen können in den einzelnen Aktivitäten der Marktbearbeitung, der Gestaltung der Wertschöpfungsarchitektur und in ihrem Zusammenspiel begründet sein. Im Rahmen der internationalen Geschäftsbeziehungen geht es um die Ausrichtung des internationalen Wertschöpfungsmanagements. Dabei resultieren Wettbewerbsvorteile nicht nur in der Strukturierung der Wertkette („value chain") und Vorteile im wahrgenommenen Kundennutzen, sondern auch aus

- der Konfiguration (geografische Streuung),
- der Transformationsform (Maß der Internalisation) und
- der Koordination (Abstimmung)

der Wertschöpfungsprozesse. Im Zuge des Wertschöpfungsprozesses sind vielfältige Aufgaben zu erfüllen. In diesem Zusammenhang ist ein geeigneter

Ordnungsrahmen, eine Unternehmensorganisation zu schaffen, die das Grundgerüst für das Zusammenwirken von Sachmitteln, Personen und Informationen im Beziehungsgefüge zwischen Unternehmen und Umwelt liefert. D.h. ebenfalls, dass ein Unternehmen der Gestaltung und Steuerung bedarf. Hierbei gilt es Ressourcen optimal einzusetzen und die Vorteile der Spezialisierung, der Arbeitsteilung zu nutzen. Um zu gewährleisten, dass die damit verbundenen Prozesse zielgerichtet ablaufen ist, eine entsprechende Koordination notwendig. Um die Erfüllung der Gesamtaufgabe zu erreichen, Teilaufgaben zuzuordnen, muss ein Unternehmen organisieren.

Die Forschungsschwerpunkte des Internationalen Managements betreffen im neuen Jahrtausend vor allem - im Rahmen der Formen und der Strategie der Internationalisierung - den Ausbau der Marktposition auf internationalen Märkten sowie die internationale Optimierung der Wertschöpfungskette. Bei der Implementierung der Internationalisierung steht neben dem Interkulturellen Management vor allem die Optimierung von Führungsmodellen, z.B. durch neue Kommunikationsmedien, im Vordergrund. Dadurch gewinnen auch zunehmend Intra- und Inter-organisationelle Netzwerke an Bedeutung. Durch zunehmende Marktunsicherheiten besteht ebenfalls eine Tendenz hin zu Netzwerkorganisationen. In diesem Zusammenhang kann man auch von der „Verflüssigung" organisatorischer Regelungen und Strukturen sprechen.

2.3 Entstehung von Kooperationen mit Kunden und Zulieferern

Unter Kooperation versteht man eine Zusammenarbeit zwischen mindestens zwei rechtlich (und wirtschaftlich zumindest partiell) selbständigen Unternehmen zur gemeinsamen Durchführung von Aufgaben. Hintergrund der Kooperation ist der Glaube, Ziele gemeinsam besser als alleine erreichen zu können, z.B. Erträge steigern, Risiken mindern, Zugang zu Ressourcen zu erhalten. Die Grundformen von zwischenbetrieblichen Kooperationen reichen von kooperativen Arrangements, Partnerschaften oder Koalitionen bis hin zu rechtlich eigenständigen Ausprägungsformen. Populär geworden sind vor allem Joint Ventures und Strategische Allianzen.

Insgesamt ist der Begriff Kooperation weit gefasst und wird unterschiedlich verwendet. Es lassen sich jedoch trotz der verschiedenartigen Interpretation drei konstituierende Merkmale für Allianzstrategien von Unternehmen identifizieren:

•   Die Kooperationspartner verfolgen gemeinsame Motive oder Zwecke,

- sie sind sowohl rechtlich als auch wirtschaftlich weitgehend unabhängig voneinander und
- sie haben komplementäre bzw. partiell übereinstimmende Zielsetzungen, deren Umsetzung eine adäquate Koordination verschiedener Unternehmensfunktionen erfordert.

Welche Gründe gibt es nun für die Existenz von Kooperationen auf Basis theoretischer Überlegungen? Die Aussage des Transkostenansatzes lautet: Kooperationen werden dann geschlossen, wenn sowohl marktliche als auch hierarchische Transaktionsformen Nachteile aufweisen. Mit Bezug zu diesen transaktionstheoretischen Überlegungen kann man die Kooperationsformen entlang eines Kontinuums zwischen Markt und Hierarchie anordnen wie es in Abbildung 3 dargestellt ist.

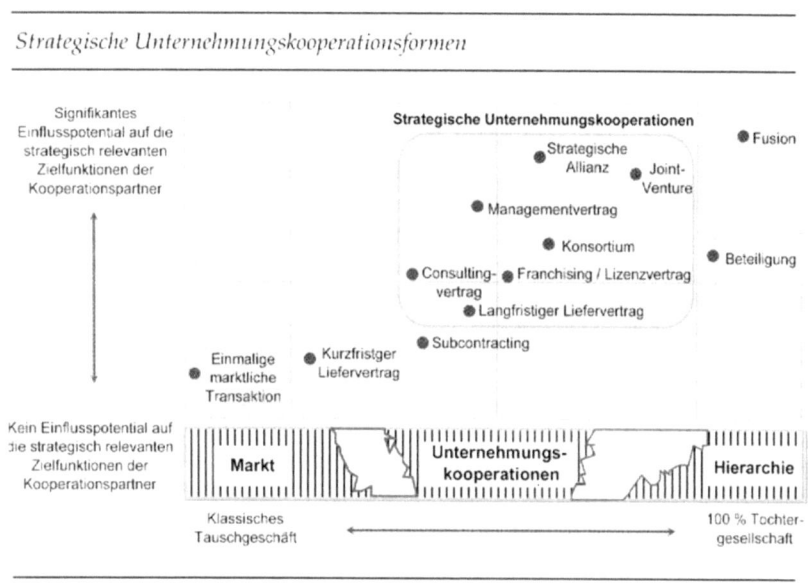

Abb. 3: (Strategische) Unternehmenskooperationsformen; Quelle: Welge/Al-Laham 2012, S.670

Die erfolgreiche Verfolgung einer Allianzstrategie setzt einen geeigneten organisatorischen Rahmen voraus. Im Kontext strategischer Allianzen bzw. auch eines Netzwerkes bauen zwei oder mehr grundsätzlich selbständige Unternehmen langfristige Beziehungen auf. Sie bilden damit eine Koordinationsform zwischen marktlicher und hierarchischer Lösung.

Wenn man die Kooperation als Hybridform gegenüber dem Markt bzw. der Hierarchie vergleicht, so ergeben sich jeweils folgende Vor- und Nachteile (Sydow 2001, S. 256f., Sydow / Duschek 2011, S. 238f.):

a) Vergleich einer Hybridform gegenüber dem Markt

Vorteile:

- Geringere Kosten bei der Suche nach Kunden / Lieferanten,
- geringere Kosten bei der Vertragsanbahnung, -verhandlung,
- besserer Informationsfluss,
- Wechselseitige Abhängigkeit,
- Möglichkeit zur Entwicklung von Vertrauen.

Nachteile:

- Geringere Flexibilität,
- einmalig höhere Vertragskosten.

b) Vergleich einer Hybridform gegenüber der Hierarchie

Vorteile:

- Kombination hierarchischer Koordinationssysteme mit dem durch Markttest reduzierten opportunistischen Verhalten,
- Risikoteilung,
- Reduzierung der Kapitalintensität,
- Profitieren vom Wissen des Partners.

Nachteile:

- Abfluss des eigenen Wissens,
- hoher Koordinationsaufwand,
- eingeschränkte Selbständigkeit,
- aufwendige Suche eines geeigneten Kooperationspartners.

Zwischenbetriebliche Kooperationen lassen sich in nahezu allen Unternehmensbereichen beobachten, wobei die individuelle Ausgestaltung der Rahmenbedingungen und die damit verbunden hybride Organisationsstruktur ein breit gefächertes Spektrum von Kooperationsformen ermöglicht. Löst man sich von einer vorwiegend dyadisch orientierten Betrachtungsperspektive und geht über zu komplexeren Strukturen zwischenbetrieblicher Kooperationen, so gelangt man zu Unternehmensnetzwerken. Unternehmenskooperationen umfassen in der Praxis ein breites Spektrum verschiedenartiger Erscheinungs- und Ausprägungsformen, so dass ein fließender Übergang zwischen Allianzstrategien und Netzwerkstrukturen existiert. Hier erweist sich neben der Anzahl der interagierenden Akteure vor allem die Bindungsstruktur als ein wichtiges Unterscheidungskriterium.

Unter welchen Bedingungen kann eine Unternehmung in einer Kooperation Know-how des Partners internalisieren? Wie kann sie ihr eigenes Know-how vor Diffusion schützen? Die Aussage der Theorie des organisationalen Lernens lautet dazu: Die Kooperation wird in erster Linie als ein Instrument betrachtet, mit dessen Hilfe man Zugriff auf das in der Partnerunternehmung gespeicherte Know-How nehmen kann. Der Erfolg einer Kooperation hängt danach ab von einem Gleichgewicht der Partner bezüglich Lernentschlossenheit, Transparenz und Lernbereitschaft.

Meist basieren Partnerschaften wie Lizenzen, Franchising auf einem Machtgefälle. Zwar können auch beim Joint Venture und der Strategischen Allianz Über- und Unterordnungen sowie ein eindeutiges Machtgefälle nicht ausgeschlossen werden, aber sie sind nicht konstitutiv. Es geht eher um eine Zusammenarbeit gleichberechtigter, wenn auch unterschiedlicher Partner. Generell hängt der Erfolg von Kooperationen von den Zielen der Beteiligten ab. Insbesondere werden jedoch explizit auch genannt:

- Die eigenen Stärken und Schwächen und diejenigen des/der Partner kennen,
- in beiderseitigen bzw. wechselseitigen Vorteilen denken und somit eine „Win-Win-Situation" schaffen,
- Sorgfalt bei der Auswahl der Partner walten lassen,
- Kommunikation fördern,
- durch Konflikt lernen,
- Konsens suchen,
- Flexibilität zeigen und
- Gelassenheit und Geduld üben.

Allerdings sind mit Strategischen Allianzen auch Schwierigkeiten verbunden. Als Nachteile und Probleme treten auf:

- Zunächst müssen sie den Anforderungen des Wettbewerbs- und Kartellrechts genügen und von den entsprechenden Behörden genehmigt werden.

- Es kommt zu Wissensaustausch bzw. Wissensabflüssen; einzelne Partner können mehr Wissen aufnehmen als sie abgeben und der Folge von aufkommender Unzufriedenheit.
- Strategische Allianzen setzen ein hohes Maß an Vertrauen zwischen den Partnern voraus – allerdings kann zu viel Vertrauen (speziell in der Startphase) ebenso fatal sein wie zu wenig Vertrauen im Verlaufe der Strategischen Allianz.
- Es muss die notwendige Balance zwischen Kooperation und Konkurrenz geschaffen werden, denn eine Strategische Allianz ist immer noch ein Zusammenschluss von Wettbewerbern.
- Sie verlangen einen hohen Abstimmungsbedarf zwischen den einzelnen Mitgliedern.
- Die Allianz darf nicht (permanent) von einem oder mehreren Partner in Frage gestellt werden, die beteiligten Partner müssen Commitment zeigen.
- Auch werden unterschiedliche Managementfähigkeiten in verschiedene Stadien (ihres Lebenszyklus) verlangt; gerade bei Abschluss und Aufbau sind andere Fähigkeiten gefragt als im eingeschwungenen Zustand.
- Problematisch ist auch hier (genau wie beim Joint Venture) die Erfolgsmessung und Erfolgszurechnung, vor allem weil die Partner nicht zwingend identische Motive haben, evtl. auch unterschiedliche Maßstäbe zur Beurteilung des Erfolges (der Allianz) heranziehen.
- Trotz aller Flexibilität kann die falsche Partnerwahl zu erheblichen Problemen führen; gerade die richtige Partnerwahl ist für ein Allianznetzwerk von immenser Bedeutung.

Als Erfolgsfaktoren kann man nennen:

- Auswahl des adäquaten Partners,
- Zeitpunkt der Bildung der Kooperationen,
- Ausgliederbarkeit bzw. Integrierbarkeit von Unternehmensaktivitäten,
- klare Ausrichtung an transparent gemachten Kooperationszielen,
- Ausgewogenes Anreizsystem,
- positive persönliche Einstellung der Partner,
- Sorgfalt bei der Vorbereitung und Gründung,
- Gesamtoptimierung des Gesamtspektrums der strategischen Allianz.

Als ein weiterer Aspekt der Koordination dient der Begriff „**Coopetition**" (Dowling/Lechner 1998, S.86, Luo 2007) bei dem zunehmend kompetitive Elemente durch kooperative Elemente ersetzt werden, d.h. die gleichzeitige Existenz von

Wettbewerb („competition") und Kooperation („cooperation") besteht, um „**collaborative advantage**" also die positiven Aspekte von kooperativen Vereinbarungen zu erzielen (in Analogie zu Porters Modell der Wettbewerbskräfte spricht man hier auch von dem „collaborative-five-sources-model, Hollensen 2011, S. 112f.). In den verschiedenen Interaktionstheorien liegt der Schwerpunkt entweder auf dem wettbewerblichen Aspekt oder aber auf Kooperation. Bei einer Kombination der beiden Strategien gelangt man zu (mindestens) drei unterschiedlichen Typen:

*   kooperationsdominierte Beziehung,
*   gleiche Beziehung – Kooperation und Wettbewerb sind gleich verteilt,
*   wettbewerbsdominierte Beziehung.

Im Ergebnis kann man feststellen, dass Wettbewerb häufiger in Bereichen auftritt, die näher beim Kunden liegen. Vorstufen, von Kunden entfernte Aktivitäten weisen demgegenüber häufig kooperative Züge auf. Die verschiedenen Strategien können im Unternehmen klar getrennt sein, benötigen jedoch eine Instanz, die koordiniert und kontrolliert.

Insgesamt kann man nicht nur verschiedene Formen der Kooperation beobachten, sondern auch eine Tendenz der Kooperation unter mehreren Partnern, eine Bildung von Unternehmensnetzwerken. Was leistet die Netzwerktheorie?

Bei einem Netzwerk geht es um eine relativ stabile Beziehung zwischen rechtlich selbständigen, wirtschaftlich jedoch meist unabhängigen Unternehmen. Das Netzwerk ist geprägt durch langfristige Beziehungen und kurzzeitige Transaktionen und es ist eher kooperativ als kompetitiv. Die Netzwerkbeteiligten nutzen Vorteile, die aus einer Kooperation oder einer Austauschbeziehung von Gütern, Dienstleistungen und Informationen resultieren. Das Ziel der Transaktion oder Kooperation ist die Verknüpfung betrieblicher Aktivitäten zur Erstellung oder zum Austausch eines verwertbaren Produktes, einer verwertbaren Dienstleistung oder einer verwertbaren Information.

Motive für die Netzwerkbildung bestehen z.B. in Zeitvorteilen, Realisierung von Kostenvorteilen, Informationsvorteile durch Erwerb wettbewerbsrelevanten Wissens, Einfluss auf das Marktgeschehen bzw. zusätzliche Marktzugang oder Steigerung der strategischen Flexibilität. Die Risiken und Probleme der Netzwerkbildung bestehen dabei vor allem im hohen Koordinationsaufwand, der fehlenden wirkungsvollen Kontrolle der einzelnen Abläufe und speziell im opportunistischen Verhalten der Netzwerkteilnehmer.

Man kann Netzwerke interpretieren als intermediäre Organisationsform zwischen Markt und Hierarchie, für die komplex-reziproke Beziehungen mit eher kooperativen denn kompetitiven Komponenten konstitutiv sind. In Netzwerken werden damit kompetitive Elemente durch kooperative Elemente zunehmend ersetzt – aber nur teilweise, denn es zeigt sich, dass auch in Netzwerken die kooperativen Elemente die kompetitiven Elemente nicht völlig verschwinden lassen (siehe auch Coopetition). Zu beachten sind besonders die Kosten der Vertragsgestaltung und der Koordination. Zu berücksichtigen ist ebenfalls der Zusammenhang von Netzwerkdynamik und ökonomischem Ergebnis.

Die Zusammenarbeit im Zuge von Unternehmenskooperationen basiert auf relationalen Verträgen, die mit Bezug zu einem (bzw. mehreren) klar definierten Betätigungsfeldern komplementäre Ressourcen bündeln, gemeinschaftliche Aufgaben erfüllen und Handlungen koordinieren. Gerade eine gemeinsame Identität der Netzwerkteilnehmer fördert den Aufbau von Vertrauen auf allen Betrachtungsebenen für Netzwerke. Aber insbesondere auch der Austausch von Informationen kann zu Wettbewerbsvorteilen führen.

Gerade der Aspekt des **Vertrauens** – speziell bei Zulieferbeziehungen sind Reputation und Vertrauen wichtig - ist von weitreichender Bedeutung. Auch durch die Hinzunahme von Vertrauen verschieben sich die Kurven der Formen Markt, hybride kooperationsformen und Hierarchie in Abhängigkeit von Transaktionskosten und Spezifität (siehe Abbildung 1) nach rechts (ähnlich der Auswirkung von Informations- und Kommunikationstechnologie). D.h. durch Vertrauen bleibt die Abwicklung einer Transaktion über den Markt als auch über eine Hybridform länger vorteilhaft (Williamson 1991, S. 286f., Hermesch 2002, S. 29f.).

Neben der Bildung von Typologien und Beschreibung der Netzwerkorganisation ist den Prozessen und dem Management eine besondere Aufmerksamkeit zu widmen. Bedeutsam beim Management von Netzwerkorganisationen sind hier besonders:
- Effizienz und Effektivität,
- Vertrauen und Macht,
- Wissen und Lernen,
- Kooperation und Coopetition,
- Koordination von Arbeit über Organisationen hinweg.

Aus den theoretischen Diskussionen zur Bildung von Unternehmensnetzwerken ergibt sich eine Reihe von Schlussfolgerungen, wobei man zusammenfassend folgende Ergebnisse herausheben kann (Bruse 2015, S.92f.):

- Durch Vernetzung entstehen unternehmensübergreifende Informations- und Kommunikationssysteme, die nicht nur eine bessere Steuerung der gesamten Wertschöpfungskette zulassen, sondern auch eine Tendenz zu Kooperationen und Netzwerkorganisationen unterstützen.
- Die Modularisierung der Unternehmung begünstigt die Tendenz hin in Richtung zur Bildung von Netzwerkstrukturen („Verflüssigung" organisatorischer Regelungen und Strukturen). In Summe ergeben sich aus der Präsenz in mehreren Ländern Verbundvorteile (Economies of Scope).
- In Netzwerken werden zunehmend kompetitive Elemente durch kooperative Elemente ersetzt; Wettbewerb tritt dabei häufiger in Bereichen auf, die näher beim Kunden liegen - Vorstufen, von Kunden entfernte Aktivitäten weisen demgegenüber häufig kooperative Züge auf.
- Da man in der Regel nicht mehr aus dem Wertnetz gewinnen kann als man ins Netz einbringt, bestehen Handlungsoptionen vor allem darin Möglichkeiten zu identifizieren, wie das Unternehmen den Wert des gesamten Netzes vergrößern kann.
- Ein wichtiges Beurteilungskriterium im Zusammenhang von Organisationsmodellen in Form von Netzwerken ist die Ungleichheit bzw. Gleichheit; es geht um die Durchsetzung von Interessen, d.h. um die „Machtfrage".

3 Darstellung des Untersuchungsgegenstandes

3.1 Internationalisierung Mittelständischer Unternehmen

Unternehmen hängen immer mehr von den Auslandsmärkten ab. Die Zahlen sprechen eine eindeutige Sprache: ein Viertel des Waren- und Dienstleistungsverkehrs wird in inzwischen international abgewickelt, zwischen 2003 und 2012 ist der Anteil des Außenhandels am weltweiten BIP von 20 auf 25 Prozent gestiegen (IHK 2014, S. 28). Wer Erfolg haben will, der muss sich darauf einstellen – dies gilt auch bzw. insbesondere für den Mittelstand. Dieser wird oftmals als „Rückgrat der deutschen Wirtschaft" bezeichnet, was sich sehr deutlich in den Zahlen widerspiegelt. Kleine und mittelständische Unternehmen machen nicht nur über 99% der Unternehmen aus, für das Jahr 2010 stellten sie über 60% allersozialversicherungspflichtigen Beschäftigten und ca. 37% des Umsatzes aller in Deutschland registrierten Unternehmen (IFM Bonn 2012). Worum geht es bei dem Begriff Mittelständisches Unternehmen?

Es ist die wirtschaftliche Sammelbezeichnung für Unternehmen, die definierte Grenzen hinsichtlich Beschäftigtenzahl, Umsatzerlös oder Bilanzsumme nicht überschreiten. Entsprechend der Definitionsempfehlung Europäische Union gilt (Europäische Kommission 2013):

Typ	Beschäftigte		Umsatzerlöse (Mio €)	oder	Bilanzsumme (Mio €)
Mittlere Unternehmen	< 250	und	≤50		≤43
Kleine Unternehmen	< 50	und	≤10		≤10
Kleinstunternehmen	< 10	und	≤ 2		≤ 2

Das Institut für Mittelstandsforschung beschränkt sich auf die Größen Beschäftigte und Umsatz, wobei als Kleinunternehmen gilt, wer weniger als 10 Mitarbeitern und unter eine Mio. € Umsatz erwirtschaftet. Als mittlere Unternehmen werden sie klassifiziert mit weniger als 500 Mitarbeitern und kleiner gleich 50 Mio. € Umsatz (IFM Bonn 2013).

Für eine Internationalisierung gibt es für ein Unternehmen eine Vielzahl von Gründen. In der Literatur werden die **Motive** wie folgt klassifiziert (z.B. Holtbrügge / Welge 2010, S.24ff., Morschett et al 2009, S.72ff.):

- Markt- und absatzorientierte Motive,
- Kosten- und ertragsorientierte Motive,
- Beschaffungs- und ressourcenorientierte Motive,
- strategische Motive.

Nach einer schon etwas älteren Studie konzentrieren sich die Motive von mittelständischen Unternehmen auf den Einkauf sowie den Vertrieb (533 Antworten von insgesamt 6.000 befragten Unternehmen; Bassen / Behnam / Gilbert 2001, S. 413ff.). Die stärksten Motive sind entsprechend dieser Untersuchung der Aufbau neuer Märkte, die Sicherung bestehender Märkte sowie die Kosten für den Einkauf, während Produktionskosten lediglich von durchschnittlicher Bedeutung waren. Zu einem ähnlichen Ergebnis kommt eine Befragung von KMUs des Instituts für Mittelstandsforschung Bonn. Als wichtigster Beweggrund für eine internationale Tätigkeit wurden die Erschließung und der Ausbau von Absatzmärkten ermittelt. Danach folgten die größere Nähe zum Kunden und niedrigere Lohn- und Gehaltskosten (Brink / Hoffmann / Wallau 2010, S. 69f.).

Eine aktuelle Untersuchung des Instituts für Mittelstandsforschung Bonn auf Basis einer Erhebung vom September bis November 2012 (Basis 827 Antworten, Rücklaufquote 5,7%) ermittelt als wichtigste Motive für Auslandsaktivitäten (Mehrfachantworten möglich) die Erschließung neuer Absatzmärkte (59,2%) und die Nähe zum Kunden / Kundenwunsch (47,0%). Dies gilt vor allem für Großunternehmen (Anteile in dieser Gruppe 84,0% bzw. 58,7%), die deutlich höhere Anteile aufweisen als Kleinst-, Klein- und Mittelunternehmen. Sehr viel weniger Gewicht wird Motiven wie Integration in internationale (Produktions-)Netzwerke oder Zugang zu Rohstoffressourcen beigemessen (8,1% bzw. 5,1% der Unternehmen des Samples). Auch hier ist der Anteil bei den Großunternehmen wiederum deutlich höher (Kranzusch / Holz 2013, S.49ff.).

Untersucht wurden auch die Hindernisse und Risiken im Zuge einer Internationalisierung. Als unternehmensinterne Hindernisse werden vor allem die Suche nach Geschäftspartnern und ungenügende freie Managementkapazitäten genannt bzw. als Risiken im Hinblick auf die Expansion in EU / OECD vor allem das Ausmaß der Bürokratie / administrative Hindernisse, in Schwellenländer jedoch unzureichende Rechtssicherheit sowie Korruption und unfaire Wettbewerbspraktiken (ebenda S.64ff.).

Eine neue Befragung zu den Motiven für Auslandsinvestitionen nennt mit 90% Prozent die Kundennähe, also ebenfalls einen Marktaspekt (Konjunkturumfrage - IHK 2014, S. 34). Interessant ist die wachsende Bedeutung der Absicherung der Wechselkursrisiken, die mit 29,2% für das Jahr 2014 das zweitstärkste Motiv darstellen (für das Jahr 2011 noch lediglich 12,3%).

Im Ergebnis kann man festhalten, dass die Erschließung neuer Märkte und nicht die Kosten im Vordergrund stehen.

Ein wichtiger Aspekt für die Formulierung einer Marktstrategie bilden internationale Wettbewerbsvorteile (Perlitz / Schrank 2013, S.318f.), z.b. als Voraussetzung für eine Internationalisierung folgende Vorteile:

- die sich aus dem Inlandsmarkt ergeben,
- des Standortes des Inlandsunternehmens,
- in der Rohstoffversorgung,
- in der Verfahrenstechnologie,
- in der Produkttechnologie,
- aus der Kapazitätsauslastung,
- in der Managementtechnologie,
- bei den sonstigen Ressourcen (Humankapital, Finanzen).

Mittelständische Unternehmen verfügen in der Regel über geringere Ressourcen als Großunternehmen. Deshalb ist es von entscheidender Bedeutung, erfolgreiche Beziehungen mit anderen Unternehmen aufzubauen und zu unterhalten. Die Erfolgsfaktoren internationaler Geschäftsbeziehungen untersuchte Habermann anhand der Beziehungen zwischen deutschen und spanischen Unternehmen (185 Antworten von 2.593 befragten Unternehmen; Habermann 2007, S. 138f.). Im Rahmen seiner Analysen konnte er vier Faktoren für erfolgreiche Geschäftsbeziehungen zwischen diesen Unternehmen ermitteln (ebenda S. 178ff.):

- Vertrauen,
- Kommunikation,
- Zufriedenheit,
- gegenseitiges Verständnis.

Vertrauen basiert dabei auf Vertrauensquellen und zwar externe Vertrauensquellen, d.h. dem Verhalten des Unternehmens gegenüber dem Markt wie z.B. Gütezeichen und Garantien, und interne Vertrauensquellen, die im Laufe einer Geschäftsbeziehung aus eigenen Erfahrungen entstehen wie z.B. Korrektheit und Zuverlässigkeit. Bei der Bewertung der Geschäftsbeziehung sind speziell auch Unterschiede in den Kulturen und den daraus resultierenden Problemen zu beachten bzw. entgegen zu wirken, z.B. im Rahmen der Kommunikation oder beim gegenseitigen Verständnis.

3.2 Methodische Konzeption

Hintergrund der Untersuchung bildet die Tatsache, dass internationale Geschäftsbeziehungen zunehmend auch für mittelständische Unternehmen bzw. KMU) an Bedeutung gewinnen. Ziel war die Ermittlung der Beweggründe im Rahmen der Internationalisierung sowie die Ermittlung der Erfolgsausprägung.

Erhebung der Daten

Die notwendigen Daten für die Problemstellung des Forschungsprojektes stehen in der aktuellsten Form nicht zur Verfügung, so dass sie (im Rahmen einer Primärforschung) neu erhoben wurden. Basis bildet ein entsprechend entwickelter standardisierter Fragebogen. Zur Erhebung der relevanten Information wurde das Instrument der Online-Befragung gewählt. Diese ist mit geringeren Kosten und vor allem auch geringeren Aufwand, insbesondere im Hinblick auf die befragten Unternehmen, verbunden. Bei dieser Methode müssen die Fragebögen nicht ausgedruckt und auf dem Postweg versandt werden, vor allem brauchen die Unternehmen sie nicht zurückschicken. Der Fragebogen wurde mittels der open-source Software LimeSurvey programmiert und auf dem Server der FHDW implementiert.

Es handelt sich sowohl um eine deskriptive als auch um eine explorative Forschung, da sowohl Tatbestände und Sachverhalte beschrieben als auch Einflussfaktoren und Zusammenhänge der Variablen erforscht werden sollen.

Aufbau und Konstruktion des Fragebogens

Der Fragebogen enthält fünf Bereiche und zwar (zur Aussage der Fragen siehe Tabelle A1 im Anhang):

- Charakterisierung der internationalen Geschäftsbeziehungen,
- Inhalte von internationalen Geschäftsbeziehungen,
- Motive und Ziele der internationalen Geschäftsbeziehungen,
- Erfolg und Wirkung der internationalen Geschäftsbeziehungen,
- Unternehmensdemographische Daten.

Durch einen Pre-Test (durchgeführt bei drei Unternehmen) konnten Schwächen wie z.B. missverständliche Formulierungen eliminiert werden und es konnte insgesamt eine Optimierung des Fragebogens durchgeführt werden. Die zu prüfenden **Hypothesen** lassen sich wie folgt beschreiben:

(1)   Bedeutung der internationalen Geschäftsbeziehungen in
         Form von Zusammenarbeit
(2)   Beweggründe für die Zusammenarbeit in internationalen
         Geschäftsbeziehungen
(3)   Identifikation von Erfolgsdimensionen bei internationalen
         Geschäftsbeziehungen
(4)   Spezielle Auswertung von Geschäftsbeziehungen innerhalb
         der Wertschöpfungskette und zwar
         a) Schwerpunkt Marktbearbeitung (Kunden)
         b) Schwerpunkt Beschaffung (Zulieferer / Lieferanten)
(5)   Entwicklung und Intensität der internationalen Geschäftsbeziehungen
         unter zeitlichen Aspekten
(6)   Identifikation von Erfolgskomponenten bei internationalen
         Geschäftsbeziehungen
(7)   Analyse und Interpretation der Gestaltung von internationalen
         Geschäftsbeziehungen

Ablauf der Befragung

Basis der praktischen Analyse bildet ein Fragebogen, der zunächst wie beschrieben einem Pre-Test unterzogen wurde. Die empirische Untersuchung erfolgte dann in zwei Stufen und zwar anhand von zwei Befragungen im Februar/März 2013 und im Juni/Juli 2013. Beide wurden in der Region Köln durchgeführt.

In der Stufe 1 wurde der Fragebogen zusammen mit einem Begleitschreiben an 39 Unternehmen versandt. Es gingen 28 Antworten ein von denen 24 verwertet werden konnten (Datensample 1). Die Ergebnisse daraus fanden Eingang in eine Master-Thesis (Werheid 2013).

Die Befragung der Stufe 2 erfolgte in Zusammenarbeit mit der Industrie- und Handelskammer in Köln. Im IHK Newsletter Internationale – Ausgabe Juni 2013 wurde auf das Forschungsprojekt der Fachhochschule der Wirtschaft (FHDW) in Bergisch Gladbach hingewiesen und der Link zum Fragenbogen angegeben. Für diese Stufe liegen 46 abgerufene Fragebogen vor, von denen 19 Unternehmen alle Fragen bearbeitet hatten, so dass sie für die Ableitung von Ergebnissen verwertbar waren (Datensample 2).

Die Befragungen wurden jeweils gesondert ausgewertet. Die im 4. Abschnitt dargestellten empirischen Ergebnisse basieren im Wesentlichen auf das Gesamtsample von 38 KMU.

Vorgehensweise der Untersuchung

Die Vorgehensweise der Untersuchung erfolgt analog zum Datensample 1 im Rahmen der Masterthesis von A. Werheid bzw. der Dissertation von A. Wittig, die sich mit dem Management von Unternehmensnetzwerken im Hinblick auf Logistikbeziehungen auseinander setzt (Werheid 2013 bzw. Wittig 2005).

Zur Verbesserung der Übersichtlichkeit werden die Bewertungen der einzelnen Aussagen zusammengeführt. Die Bewertungsskala der Fragebogen reichte von 1 bis 7; diese wurden für die Darstellung umgewandelt in drei Blöcke und zwar 1 und 2 mit „trifft (voll) zu" bzw. „(sehr) große Bedeutung", 3 bis 5 mittlere Ausprägung bzw. Bedeutung sowie 6 und 7 mit „trifft (gar) nicht zu" bzw. „(sehr) geringe Bedeutung" (diese Methodik erfolgt in Anlehnung an die Arbeit von Wittig (Wittig 2005, S. 205). Die Antworten wurden mittels SPSS ausgewertet.

3.3 Analyseverfahren und Demographie des Datensamples

Zur Analyse der Ergebnisse der Umfrage werden statistische Methoden eingesetzt, vor allem Häufigkeitsverteilungen. Aber auch die Faktorenanalyse und eine Untersuchung anhand von Kreuztabellen (Fisher-Exakt-Test) sollen Anwendung finden.

Die Faktoranalyse ist ein Verfahren der multivariaten Statistik. Es geht in erster Linie um eine Reduktion der Merkmale aus empirischen Beobachtungen, d.h. es sollen eine große Anzahl von Merkmalen auf wenige zugrundeliegende Variablen („Faktoren") reduziert werden. Ziel ist es, Faktoren zu ermitteln, die die beobachteten Zusammenhänge zwischen den gegebenen Merkmalen vollständig erklären. Hierbei werden Korrelationen zwischen den Merkmalen gemessen. Die Entdeckung dieser voneinander unabhängigen Variablen oder Merkmale ist der Sinn des datenreduzierenden (auch dimensionsreduzierenden) Verfahrens.

Zur Beurteilung der Güte sollen Cronbach's Alpha (Prüfung, ob die Items der Stichprobe für einen weitergehenden Test überhaupt brauchbar sind) sowie das sog. Kaiser-Meyer-Olkin-Maß, auch KMO-Maß genannt (als Test über die Ergiebigkeit der Faktorenanalyse). Die Signifikanz wird mit dem sog. Bartlett-Test auf Sphärizität berechnet und gibt Aufschluss über die Irrtumswahrscheinlichkeit. Durchgeführt wird die Faktorenanalyse mittels SPSS (Einstellung Hauptkomponentenanalyse, Varimax-Rotation; Bestimmung der Anzahl der Faktoren nach dem Kaiser-Kriterium, Ersetzen fehlender Werte durch Mittelwerte, Ausgabe nach Größe sortiert). Dies entspricht dem Vorgehen der Analyse zum Datensapmle 1 (zu den Analyseverfahren siehe Werheid 2013, S.48ff. bzw. Bühl 2012, S. 579ff.).

Neben der Faktorenanalyse soll außerdem eine statistische Untersuchung mittels Kreuztabellen vorgenommen werden. Hierbei werden die einzelnen Merkmalsausprägungen von zwei Items miteinander verglichen. Diese Methode bietet sich insbesondere bei Items mit Nominal- oder Ordinalskalierung und nicht allzu vielen Merkmalsausprägungen – wie in dieser Untersuchung gegeben – an. Als Basis dient der Fisher-Exact-Test, der von einer Kreuztabelle mit vier Feldern ausgeht. Es findet der Kontingenzkoeffizient nach Phi Verwendung (auch Vierfelder-Korrelationskoeffizient genannt (hierzu Werheid 2013, S. 50 bzw. Bühl 2012, S. 304ff.).

Für den Untersuchungsgegenstand wurden die Unternehmen zunächst in Größenklassen eingeteilt. Gemäß den Definitionen für kleine und mittelständische Unternehmen der Europäischen Kommission sowie des IFM Bonn erfolgt die Einteilung nach der Anzahl der Beschäftigten sowie nach dem Umsatz oder der Bilanzsumme der einzelnen Unternehmen. In der Stufe 1 zählten von den 24 Unternehmen insgesamt 20 zu den mittelständischen Unternehmen (Werheid 2013, S. 51f.). In den Tabellen 1 und 2 sind die Einteilungen der Stufe 2 der Befragung sowie über beide zusammen für die Unternehmensgröße nach der Zahl der Beschäftigten und nach dem Umsatz dargestellt.

		Stufe 2		Gesamtsample	
	Umsatz in €	Häufigkeit	in Prozent	Häufigkeit	in Prozent
Kleinst- und Kleinunternehmen	< 10 Mio.	6	31,6%	11	25,6%
Mittleres Unternehmen	10 Mio. bis < 50 Mio.	8	42,1%	23	53,5%
Großunternehmen	50 Mio. und mehr	5	26,3%	9	20,9%

Tabelle 1: Unternehmensgröße nach Anzahl der Beschäftigten 2012; Quelle: Eigene Daten

	Anzahl der Beschäftigten (Vollzeit)	Stufe 2		Gesamtsample	
		Häufigkeit	in Prozent	Häufigkeit	in Prozent
Kleinst- und Kleinunternehmen	< 50	7	36,8%	12	27,9%
Mittleres Unternehmen	50 bis < 500	11	57,9%	27	62,8%
Großunternehmen	500 und größer	1	5,3%	4	9,3%

Tabelle 2: Unternehmensgröße nach Umsatz 2012; Quelle: Eigene Daten

Beim Umsatz weist ein Unternehmen über 1 Mrd. € Umsatz auf, die übrigen der als Großunternehmen klassifizierten liegen im Bereich 50 Mio. € bis 100 Mio. €. Daher wurde – entsprechend der Einteilung nach dem Kriterium Beschäftigte – lediglich ein Unternehmen als Großunternehmen eingestuft.

Insgesamt sind die Unternehmen des zweiten Untersuchungssamples gut in internationale Beziehungen eingebunden und haben in den letzten fünf Jahren sehr erfolgreich agiert. Die Details hierzu sind im Anhand aufgeführt (siehe Abbildungen A1 bis A3).

Die nachstehenden Ergebnisse beruhen zum einen auf Antworten für das Datensample der Stufe 2 (18 KMU), zum anderen auf das Gesamtsample von denen insgesamt 38 als KMU klassifiziert wurden. Betrachtet man die Struktur der KMU, so fällt auf, dass der Anteil der Kleinst- und Kleinunternehmen in der Stufe 1 mit ca. 20% deutlich geringer ist als in der Stufe 2.

4 Empirische Ergebnisse

4.1 Beweggründe internationaler Geschäftsbeziehungen und Erfolgsdimensionen

Die erste Fragestellung bestand darin, die allgemeine Einstellung zu internationalen Geschäftsbeziehungen zu untersuchen. Auch bei KMU bilden internationale Geschäftsbeziehungen das Konzept der Zukunft, wobei gerade der Informationsaustausch als sehr wichtig angesehen wird. Dies war bereits das Ergebnis aus dem Datensample 1 und konnte auch in der zweiten Befragung bestätigt werden – die zusammenfassenden Ergebnisse sind in Abbildung 4 dargestellt. Die Bedeutung der internationalen Beziehungen wird vor allem unter dem Gesichtspunkt des Vertriebes, aber auch für Logistik Beziehungen gesehen – auch dies bestätigen beide Befragungen.

Interessant sind die Ergebnisse bzgl. der Beurteilung der Bedeutung von Einkaufsnetzwerken. Nimmt man beide Befragungen zusammen, so halten gut 20% der Befragten ein Einkaufsnetzwerk nicht für wichtig. Gerade Großunternehmen des Datensample 1 hatten die Mitgliedschaft in einem internationalen Einkaufsnetzwerk als (sehr) hoch angesehen (Werheid 2013, S. 45). Es ließ sich zudem eine Verbindung dieser Beurteilung zur Unternehmensgröße herstellen.

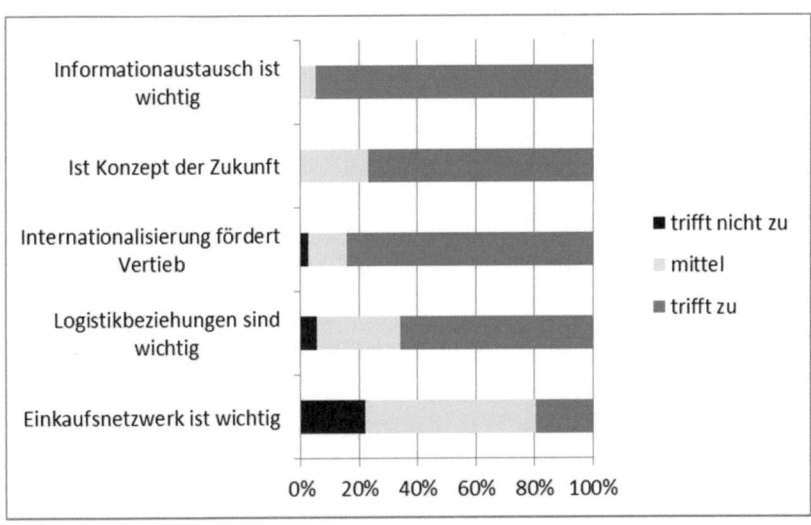

Abb. 4: Allgemeine Beurteilung von internationalen Beziehungen

Innerhalb der Skala von 1 „trifft voll zu" bis 7 „trifft gar nicht zu" ergaben sich als durchschnittliche Werte für die vier gebildeten Gruppen (ebenda, S. 55):

Kleinstunternehmen	4,80
Kleinere Mittelständler	4,33
Größere Mittelständler	3,44
Großunternehmen	1,75

Diese Tendenz konnte ebenfalls in der zweiten Befragung bestätigt werden. Hier ergab sich folgendes Bild:

Kleinst- und Kleinunternehmen	3,67
Mittlere Unternehmen	3,10

Beide Untersuchungen basieren zwar auf einer kleinen Stichprobe, so dass die Ergebnisse nicht verallgemeinert werden können. Allerdings konnte der Trend bestätigt werden.

Als Fazit kann man festhalten, dass eine Internationalisierung der Geschäftsbeziehungen als sehr bedeutsam angesehen wird. Gerade der internationale Informationsaustausch bildet einen wichtigen Aspekt. Insgesamt sind mittelständische Unternehmen auf der Absatzseite globaler ausgerichtet als auf der Beschaffungsseite. Gerade auf der Beschaffungsseite besteht vernachlässigtes Potenzial.

Daraus leitet sich als **Handlungsempfehlung** ab:

Mittelständische Unternehmen sollten auch auf der Beschaffungsseite stärker auf (langfristige) Kooperationen setzen, z.B. durch **Netzwerkbildung.**

Die Einstellung der KMU gegenüber internationalen Geschäftsbeziehungen ist wie festgestellt in Summe sehr positiv. Doch was sind die Beweggründe für eine internationale Zusammenarbeit? Hauptmotive für die Entstehung internationaler Geschäftsbeziehungen sind der Eintritt in neue Märkte, der Zugang zu Vertriebswegen sowie der Erwerb von Marktkenntnissen (siehe Abbildung 5). Dies deckt sich mit vorherigen Studien (siehe Abschnitt 3.1 sowie das Uppsala-Modell, S. 8f.) und konnte in beiden Befragungen bestätigt werden.

Diese Motive zählen zu den markt- und absatzorientierten Motiven und bilden die Grundlage für weitere internationale Tätigkeiten (Kutschker / Schmid 2011, S. 467f.). Gerade unter dem Aspekt eines zukünftigen Wachstums ist darin ein wichtiges Motiv der Internationalisierung zu sehen.

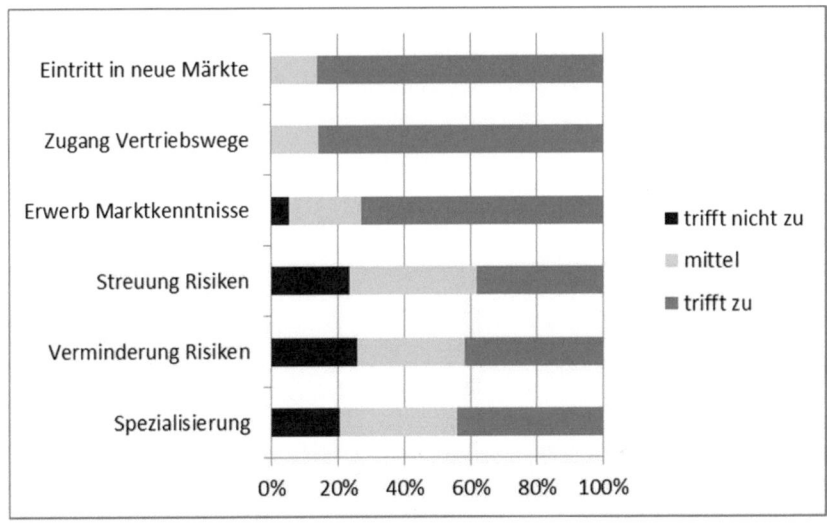

Abb. 5: Allgemeine Motive für die Entstehung internationaler Geschäftsbeziehungen; Quelle: Eigene Daten

Eine Internationalisierung ist mit besonderen Risiken verbunden. Dies gilt insbesondere für KMU. Daher ist es nicht verwunderlich, dass Risikoaspekte eine wichtige Rolle spielen. Hierzu zählt auch die Beschränkung auf Kernkompetenzen, d.h. die Spezialisierung zur Begrenzung der Risiken. Allerdings ist die Risikoeinschätzung in der zweiten Befragung nicht so stark als in der ersten. Dies deckt sich jedoch mit einer Entspannung im Außenhandel, die im Herbst 2013 im Exportbarometer der IHK Köln ermittelt wurde (siehe hierzu speziell Bruse 2014).

Die weniger relevanten Motive sind in Abbildung 6 dargestellt. Obwohl die Beweggründe der KMU vor allem aus dem Marktbereich heraus determiniert sind, wird der Überwindung von Marktbarrieren kaum Bedeutung beigemessen. Konkurrenzbezogene Motive und die Erlangung von Größenvorteilen (economies of scale) sind weniger ein Motiv für die Internationalisierung der Geschäftsbeziehungen. Speziell dem Potenzial neuer Produkte und neuer Technologien wird teilweise zu wenig Beachtung geschenkt.

Daraus leitet sich als **Handlungsempfehlung** ab:

Unternehmen sollten sich im Rahmen ihrer Internationalisierung nicht nur auf den Marktbereich beschränken, sondern ebenfalls in Bezug auf Inhalte (Produkte aber vor allem auch Technologien) das Internationalisierungs-potenzial nutzen.

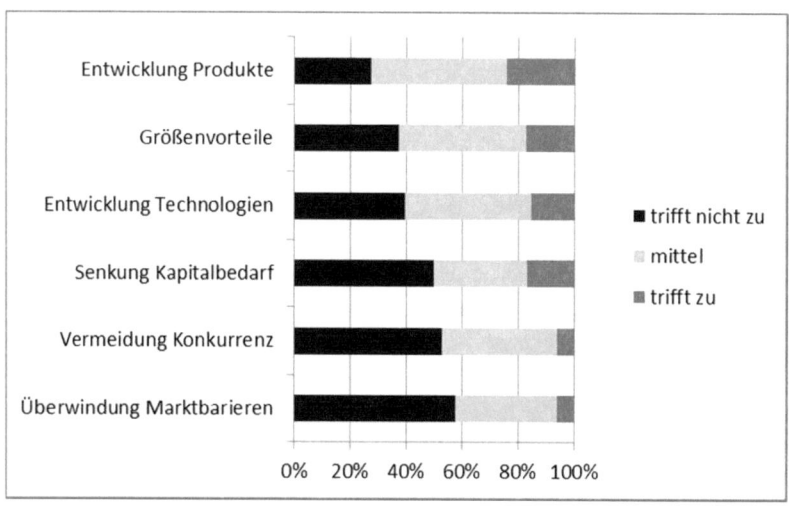

Abb. 6: Weniger starke Beweggründe für die Entstehung internationaler Geschäftsbeziehungen; Quelle: Eigene Daten

Ergänzend wurden die Internationalisierungsmotive nach internen und extern Gründen untersucht – die zusammenfassenden Ergebnisse sind in den Abbildungen 7 und 8 dargestellt.

42

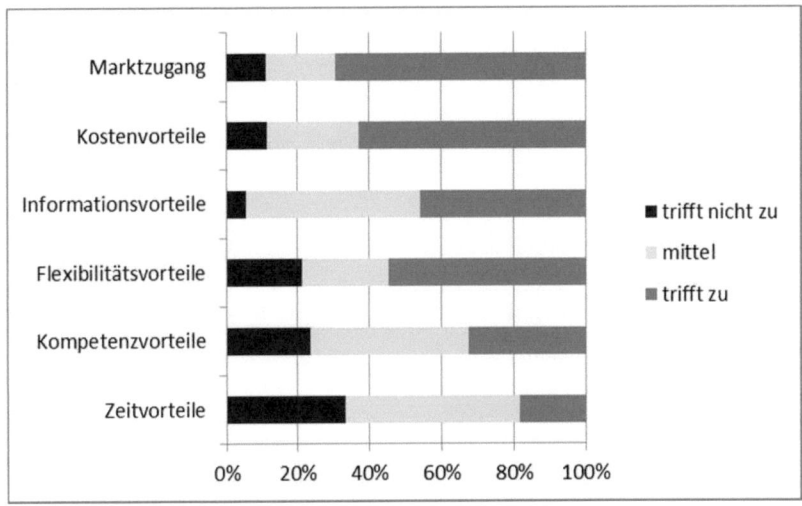

Abb. 7: Interne Gründe für eine Internationalisierung; Quelle: Eigene Daten

In beiden Befragungen geben die befragten Unternehmen einen zusätzlichen Marktzugang als Hauptgrund an. Der zweithäufigste Grund liegt in den Kostenvorteilen durch internationale Tätigkeiten (z.b. Outsourcing und Konzentration auf die Kernaufgaben). Dies korrespondiert mit den externen Gründen wonach knapp 70% der Befragten den zunehmenden Kostendruck im Markt als Grund für Internationalisierung nennen. Dies zeigt die Auswirkungen der Globalisierung und den dadurch aufkommenden Wettbewerbsdruck aus dem Ausland auch für die deutschen KMU (zur Problematik der Globalisierung siehe auch Bruse 2011). Der nächstbedeutende Grund liegt in den veränderten Kundenbedürfnissen. Daher liegt es nahe, dass die internationalen Zulieferbedingungen von erheblicher Bedeutung sind, um den Anforderungen der Kunden gerecht zu werden. Der Marktzugang ist also das wesentliche interne Motiv für Internationalisierung; Zeitvorteile, z.B. in Form von „time to market", werden als Beweggründe der Internationalisierung von den KMU weniger beachtet.

Daraus leitet sich als **Handlungsempfehlung** ab:

Unternehmen sollten stärker den Zeitaspekt (Generieren von Zeitvorteilen mit dem Ziel eines schnelleren „time to market" für die Produkte) im Rahmen von Internationalisierung beachten.

43

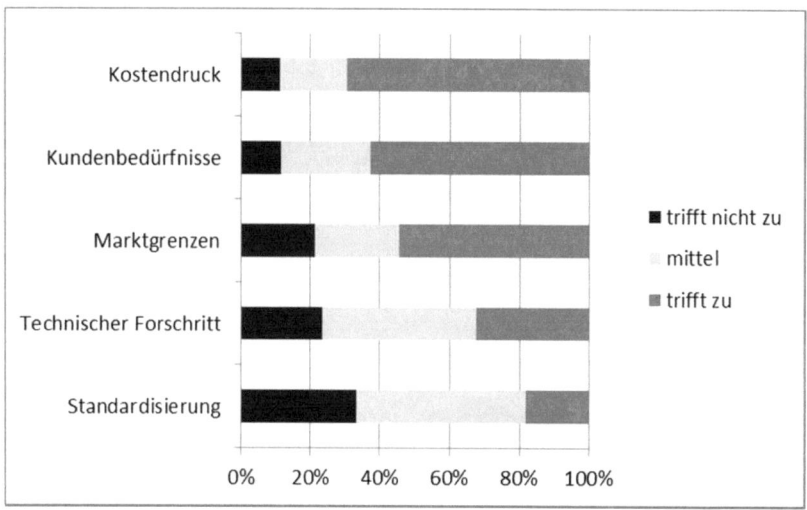

Abb. 8: Externe Gründe für eine Internationalisierung; Quelle: Eigene Daten

Als Fazit kann man festhalten (analog zu Werheid 2013, S. 65), dass die befragten Unternehmen die markt- und absatzorientierten Motive bei der Entstehung von internationalen Aktivitäten höchste Priorität einräumen. Daneben besteht ein weiteres wichtiges Motiv in der Reduktion von Risiken, wobei die allgemeine Einschätzung abhängig von der konjunkturellen Weltökonomie sehr
schwankend sein kann. Insgesamt gesehen wollen die Unternehmen nicht nur
von den heimischen Märkten abhängig sein, sondern das Absatz- und Beschaf-
fungsrisiko auf mehrere Märkte verteilen. Speziell unter externen Aspekten liegt
der Hauptgrund für Unternehmen, international aktiv zu werden, in dem stetig
zunehmenden Kostendruck. Diesem Problem kann man zum einen entgegen-
wirken indem man mittels Internationalität die Absatzzahlen steigert, zum anderen besteht die Möglichkeit günstigere Ressourcen zu beschaffen.

Erfolgsdimensionen

Im nächsten Schritt wurde der Erfolg aus den internationalen Geschäftsbeziehungen analysiert. Aus Sicht der Unternehmen ist er abhängig von den gesetz-
ten Zielen. Insofern stellen die nachstehenden Ausführungen die subjektive
Sicht der Unternehmen dar. Sie berücksichtigt dabei die individuelle Situation
des Unternehmens bzw. die speziell ausgegebenen Ziele.

Besonders positiv sahen die KMU ihre Erfolge auf der Marktseite an (Abbildung 9). 80 bis 90% gaben als Erfolgsinhalt Kundenzufriedenheit, Gewinnung neuer Kunden und Steigerung des Absatzes an und bewerteten diese Aussage mit (sehr) großem Erfolg. Es wurden besonders wachstumsorientierte Ziele der Kundenbeziehungen erreicht. Nicht ganz so positiv wurden schnellere Reaktionen auf Marktentwicklungen und termingerechte Lieferungen als Erfolgsinhalte gesehen.

Eingeschränkt erfolgreich wurde die Kostenseite beurteilt (Abbildung 10). Während 40 bis 50% immerhin noch große Erfolge im Zugang zu günstigeren Ressourcen und in geringeren Produktionskosten sahen, so traf es für das interorganisatorische Lernen weit weniger zu. Vor allem Größenvorteile, sei es im Einkauf oder in der Produktion, wurden von den KMU nicht wahrgenommen.

Diese Einschätzung gilt für beide Befragungen gleichermaßen (siehe Werheid 2013, speziell S. 70 und Bruse 2013). Da es sich bei der Untersuchung um eine Vielzahl von Erfolgsgrößen handelt, wurde versucht sie mittels Faktorenanalyse zu verdichten und ihre zugrundeliegende Struktur zu überprüfen, um die entscheidenden Erfolgsdimensionen zu identifizieren. Die Ergebnisse hierzu sind im Anhang (Abbildung A4) dargestellt.

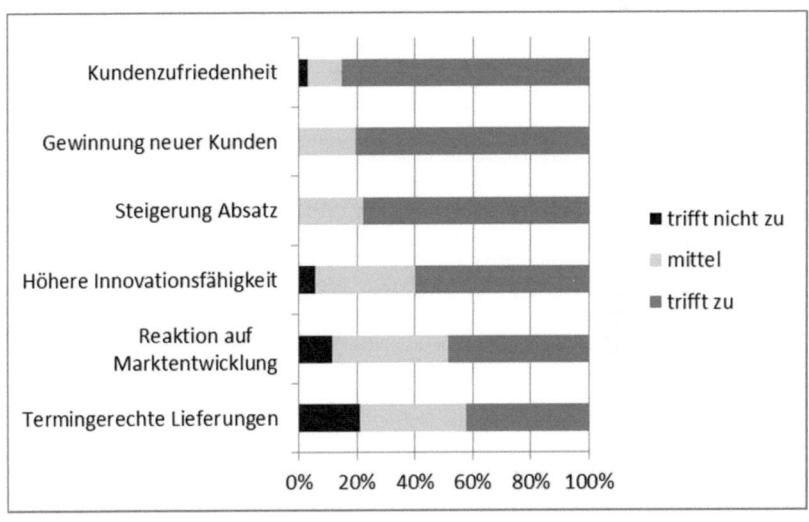

Abb. 9: Erfolgsinhalte internationale Geschäftsbeziehungen – Marktseite; Quelle: Eigene Daten

45

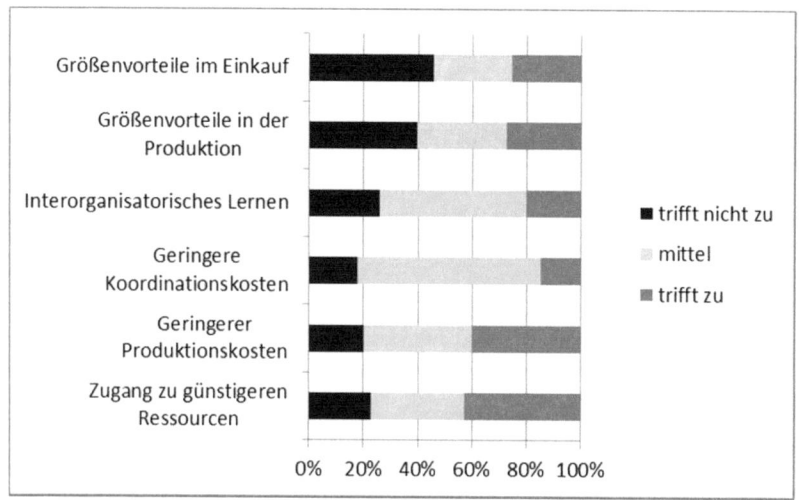

Abb. 10: Erfolgsinhalte internationale Geschäftsbeziehungen – Kostenseite; Quelle: Eigene Daten

Zur Beurteilung sollen zunächst die statstischen Maße betrachtet werden. Cronbach's Alpha, das Werte zwischen 0 und 1 einnehmen kann, wurde mit 0,887 gemessen. Es liegt damit über dem laut Literatur akzeptablen Wert von 0,8, so dass die Items als geeignet angesehen werden können. Das KMO-Maß beträgt 0,347 und erreicht damit nicht den kritischen Wert von 0,5. Mit einer Irrtumswahrscheinlichkeit von p=0,252 ist keine Signifikanz gegeben. Somit hat die Faktorenanalyse für das Datensample 2 nicht die gewünschten Ergebnisse erbracht. Allerdings gibt es eine Parallele zum Datensample 1, deren Ergebnisse der Faktorenanalyse sich als geeignet erwiesen haben (Werheid 2013, S. 71).

Mit ca. 26% erklärten Anteil an der Gesamtvarianz lässt sich aus beiden Befragungen ein Faktor Qualität ableiten. Gemäß Datensample 1 lädt er sich aus den Komponenten:

- Höhere Innovationsfähigkeit,
- *Qualitativ höherwertige Produkte,*
- *Schnellere Reaktion auf Marktentwicklungen,*
- *Termingerechte Lieferungen,*
- *Möglichkeit interorganisationales Lernens.*

Gemäß Datensample 2 lädt er sich ähnlich und zwar aus den Komponenten:

- *Termingerechte Lieferungen,*
- *Schnellere Reaktion auf Marktentwicklungen,*
- *Möglichkeit interorganisationales Lernens,*
- Geringere Koordinationskosten
- Steigerung der Kundenzufriedenheit,
- *Qualitativ höherwertige Produkte.*

Es zeigt sich, dass mit dem Begriff Qualität nicht nur die Produkte eines Unternehmens zu verstehen sind, sondern auch diverse organisatorische Fähigkeiten, die mit der Marktversorgung durch Produkte verbunden sind.

Daraus leitet sich als **Handlungsempfehlung** ab:

Unternehmen sollten stärker die „weichen" Faktoren der im Zusammenhang mit der Produktpolitik beachten.

Die weiteren Faktoren des Datensamples 1 bilden „Beschaffung", Vertriebsmanagement" und „Größenvorteile" (Werheid 2013, S. 72). Auch diese ergaben sich bei der Faktoranalyse des Datensamples 2, allerdings in umgekehrter Reihenfolge der Bedeutung.

Aus der Befragung der Stufe 1 wurde mittels Fisher-Exact-Test geprüft, wovon der Erfolg in den verschiedenen Erfolgsdimensionen abhängt. Als Ergebnis wurde ermittelt, dass die transaktionskostenmindernden Faktoren wie Vertrauen und Kommunikation zu den wichtigen Faktoren für das Unterhalten von erfolgreichen internationalen Geschäftsbeziehungen zählen (Werheid 2013, S. 80). Die entscheidenden Unterschiede hinsichtlich der Gestaltung von erfolgreichen Beziehungen sind speziell (ebenda S. 81):

- Zusammenarbeit mit einem direkten Konkurrenten,
- Einbringen von Kapital,
- Einbringen von Ressourcen,
- Standort des Geschäftspartners,
- Gemeinsames Management & Controlling.

Da die statistischen Prüfkriterien der Faktorenanalyse der Befragung der Stufe 2 nicht den Erfordernissen genügen, wurde für das Datensample 2 auf entsprechende Tests verzichtet.

4.2 Kundenbeziehungen innerhalb der Wertschöpfungskette

Zunächst sollen die Kundenbeziehungen innerhalb der Wertschöpfungskette beleuchtet werden. Der direkte Export ist hierbei nicht nur die am weitesten verbreitete Form der Internationalisierung, sondern gilt auch als erste Stufe für eine weitere Marktbearbeitung. Bei einer Befragung des Instituts für Mittelstandsforschung Bonn wurde ermittelt, dass zwar nur 18,4% der Unternehmen Exportaktivitäten aufwiesen, jedoch ist dies im geringen Wert für Kleinstunternehmen begründet(14,8%). Für Mittel- und Großunternehmen ist der Anteil mit 62,3% bzw. 70,8% deutlich höher und erheblich. Auch die Exportquote nimmt mit der Unternehmensgröße zu. Insgesamt kommt dabei dem EU-Raum eine überragende Bedeutung zu, wobei außerhalb Europas mittlerweile Asien das häufigste Ziel der Exporttätigkeiten bildet (Kranzusch / Holz 2013, S.13ff.).

Im Rahmen unserer Untersuchung in Bezug auf die Kundenbeziehungen betrifft die erste Fragestellung die Form und Intensität der internationalen Geschäftsbeziehungen von KMU zu ihren Kunden. Es zeigt sich, dass der internationale Vertrieb vor allem über Mittler im Inland erfolgt und als nächster Schritt über Handelsvertreter im Ausland durchgeführt wird (siehe Abbildung 11). Speziell diese Form der Handelbeziehungen hat in den letzten fünf Jahren zugenommen – hier decken sich die Ergebnisse des Datensamples 2 mit den Ergebnissen des Datensample 1 (dargestellt bei Werheid 2013, S. 61). Auslandsaktivitäten mit Kapitalbeteiligung werden dagegen von KMU kaum durchgeführt und haben (dementsprechend) auch nicht zugenommen. Sie neigen eher dazu, mit anderen Unternehmen strategische Allianzen einzugehen (immerhin 50%). Eigen gegründete Tochtergesellschaften führen zu einer stärkeren Bindung mit dem Land und bieten den Vorteil, einen besseren Einfluss zu haben. Sie stellen die stärkste Form der Direktinvestition dar, allerdings ist eine Flexibilität jedoch nur noch begrenzt möglich. Hier sollten KMU im Sinne des Uppsala-Modells (siehe S. 8f.) die Internationalisierung schrittweise angehen (vgl. auch Werheid 2013, S. 62).

Daraus leitet sich als **Handlungsempfehlung** ab:

Nachdem Unternehmen Exporterfahrungen gesammelt haben, sollten sie die Internationalisierung weiterhin schrittweise vorantreiben und zunächst mit anderen Unternehmen eine Partnerschaft aufnehmen, im Zuge einer Kapitalbeteiligung im Ausland erst einmal ein Joint Venture gründen oder durch Minderheitsbeteiligungen Erfahrungen auf verschiedenen Märkten sammeln.

Die internationale Kundenbeziehung wird zum überwiegenden Teil über Rahmenverträge abgewickelt, die sehr kurzfristig sind bzw. ohne konkreten Zeitraum. Auch hier bestätigen sich die Ergebnisse des Datensample 1 (Werheid 2013, S 92f.) durch das Datensample 2.

Betrachtet man die Kundenbeziehungen im Einzelnen, so fällt auf, dass nicht nur die Transaktionshäufigkeit und die Anforderungen an die Kundenbeziehungen deutlich zugenommen haben, sondern ebenfalls eine Zunahme der Geschäftsbeziehungen selbst in den letzten fünf Jahren zu verzeichnen war (siehe Abbildung 12). Dieser Trend wird extrapoliert und ebenfalls für die nächsten fünf Jahre erwartet. Anders verhält es sich bezüglich der Wechselhäufigkeit der Kunden. Hier ist ein relativ seltener Wechsel zu erkennen, was in den Bemühungen, eine hohe Kundenbindung zu erreichen, begründet sein könnte. Ebenfalls wird hier der Trend tendenziell in die Zukunft projiziert, auch wenn immerhin knapp 10% der analysierten Unternehmen zukünftig von einem häufigerer Kundenwechsel ausgehen (siehe Abbildung 13). Die oben für das Gesamtsample beschriebenen Ergebnisse gelten auch jeweils für die einzelnen Datensamples.

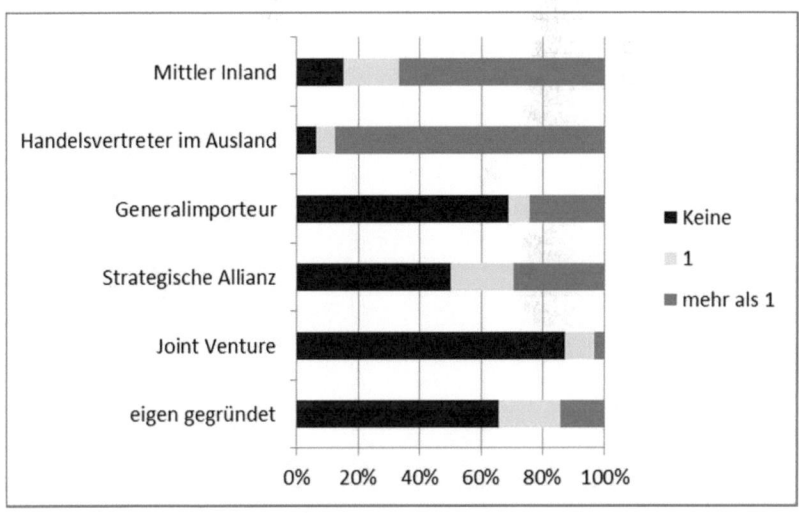

Abb. 11: Anzahl der internationalen Kundenbeziehungen; Quelle: Eigene Daten

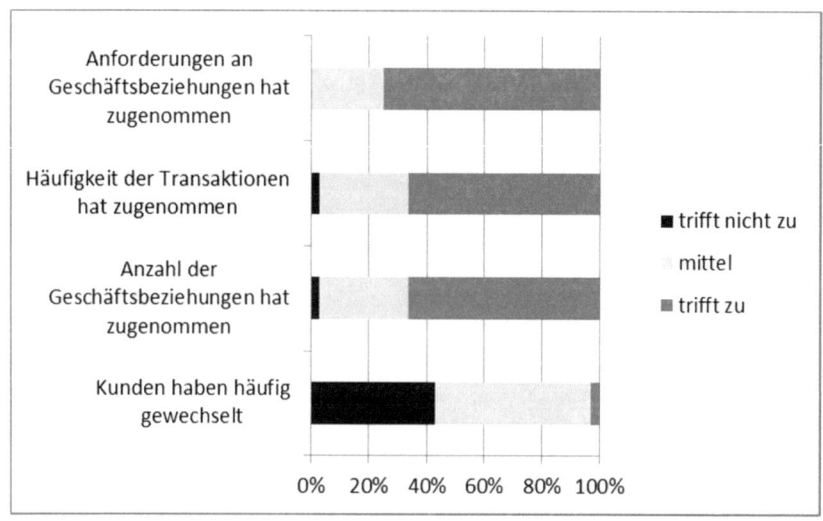

Abb. 12: Entwicklung der Kundenbeziehungen in den letzten 5 Jahren; Quelle: Eigene Daten

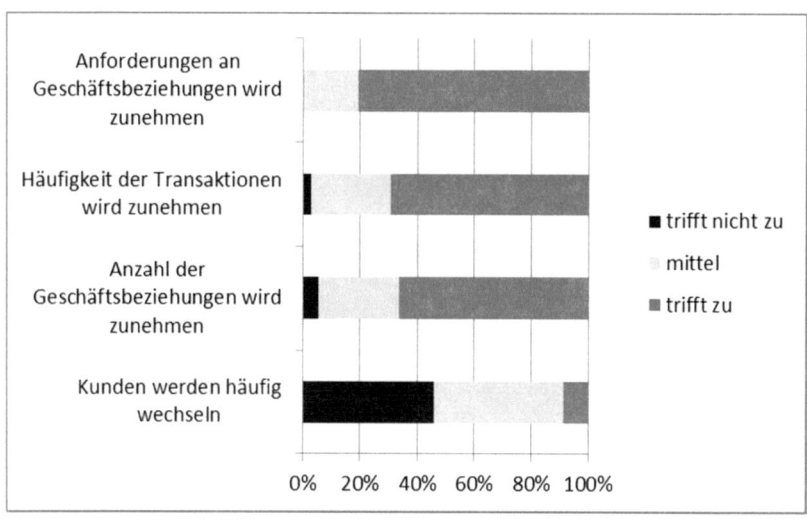

Abb. 13: Entwicklung der Kundenbeziehungen in den nächsten 5 Jahren; Quelle: Eigene Daten

50

Bei den Zielen geht es den KMU vor allem um die Gewährleistung bzw. Steigerung des Absatzes, speziell durch internationale Markterschließung, aber auch durch die Erschließung neuer Geschäftsbereiche. Hierdurch sind sie zudem gegenüber konjunkturbedingten Einbrüchen, speziell in einzelnen Ländern, etwas abgesichert und tragen durch das Portfolio weniger Risiko. Allerdings wird der Abbau des Risikos durch das internationale Geschäft mittels der direkten Frage teilweise nicht so gewichtig beurteilt (siehe Abbildung 14). Ein bedeutender Punkt der Ziele der wichtigsten Kundenbeziehung ist das Erlangen von Wettbewerbsvorteilen, z.b. durch Informationsgewinnung. Z.B. ist das erlangen von Marktwissen von erheblicher strategischer Bedeutung, um bestehende Märkte besser zu bearbeiten, aber auch um neue Märkte zu erschließen (siehe unter theoretischen Gesichtspunkten auch die Ausführungen zum Uppsala-Modell, S. 8f.). Dagegen wird den Differenzierungsmerkmalen, ein ebenfalls bedeutender Punkt bei der Gewinnung von Wettbewerbsvorteilen, nur in geringem Umfang Aufmerksamkeit gewidmet (analog siehe Werheid 2013, S.94).

Daraus leitet sich als **Handlungsempfehlung** ab:

Im Rahmen der internationalen Kundenbeziehungen sollte der Erlangung von Differenzierungsmerkmalen mehr Gewicht beigelegt werden. Z.B. kann durch die Beziehung zu einem namhaften Kunden die Reputation gestärkt werden.

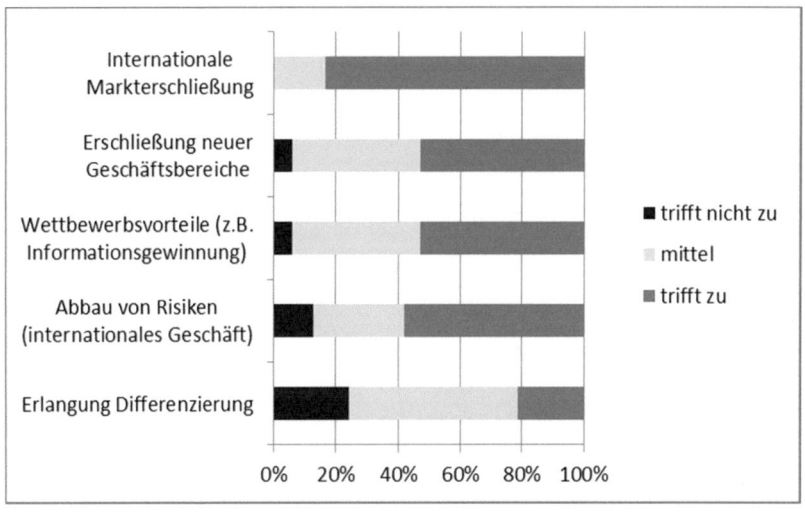

Abb. 14: Ziele der Kundenbeziehungen; Quelle: Eigene Daten

51

4.3 Zulieferbeziehungen innerhalb der Wertschöpfungskette

Einen wesentlichen Beitrag zu einer besseren Wettbewerbsfähigkeit können gerade auch für KMU aus den Zulieferbeziehungen gezogen werden. Im Vordergrund soll hier speziell die Analyse der Beschaffung stehen. Maßnahmen bilden vor allem eine zunehmende Internationalisierung und Einkaufskooperationen. Unter diesem Aspekt wurde an der TU Darmstadt eine empirische Analyse durchgeführt. Im Jahr 2006 haben Pfohl und Shen 122 KMU der Elektroindustrie kontaktiert, von denen 42 an der Befragung teilnahmen und deren wesentliche Ergebnisse nachstehend kurz dargestellt werden sollen (siehe zu den Details Pfohl / Shen 2007).

Den Großteil des Beschaffungsbedarfs decken KMU im Befragungszeitraum noch im Inland ab, doch der Auslandsanteil hat zunehmende Tendenz; aber 45,2% der Hersteller sehen steigende ausländische Beschaffungsaktivitäten, speziell in Osteuropa und Asien war eine Zunahme geplant (siehe Abb. A5 im Anhang).

Vom Institut für Mittelstandsforschung Bonn wurde in einer Befragung zu den Importregionen vor allem die EU mit 84,2% genannt. Sehr deutlich dahinter platzieren sich Asien (ohne China) mit 19,7%, das übrige Europa mit 16,8% und China mit 12,2%. Allerdings sind Großunternehmen in China und Asien mit 47,3% bzw. 43,3% (Mehrfachnennungen waren möglich) deutlich aktiver als die KMU (Kranzusch / Holz 2013, S.9f.).

Die Gründe für das Eingehen von Beschaffungskooperationen bestehen vor allem in den günstigeren Einkaufspreisen durch ein größeres Einkaufsvolumen und in einer verbesserten Verhandlungsposition(Details siehe Abbildung 15).

Die Bedeutung einer globalen Beschaffung muss als hoch gewertet werden, denn wie eine empirische Untersuchung zeigt, haben z.B. 59% der analysierten Teilnehmer durch Global Sourcing mehr als 5% Einsparung erzielt (Stölze / Kirst 2006, S. 21ff., zitiert nach Pfohl / Shen 2007, S.92).

Als Erfolgsfaktor für eine (stabile) Einkaufskooperation gilt vor allem die Wahl des geeigneten Partners. Dies wurde durch die Analyse nach dem strategischen und dem kulturellen Fit bestätigt – siehe die Abbildungen 16 und 17. Im Rahmen der Beurteilung des strategischen Fit sehen 47,5% den Vorteil durch Kooperationen als sehr hoch für den Erfolg an, entscheidender sind jedoch gleiche Interessen und Vertrauen als Elemente des kulturellen Fit (65,0% bzw. 52,5 bewerten dies als sehr hoch für den Erfolg), wobei die Unternehmenskultur selbst deutlich geringer bewertet wird.

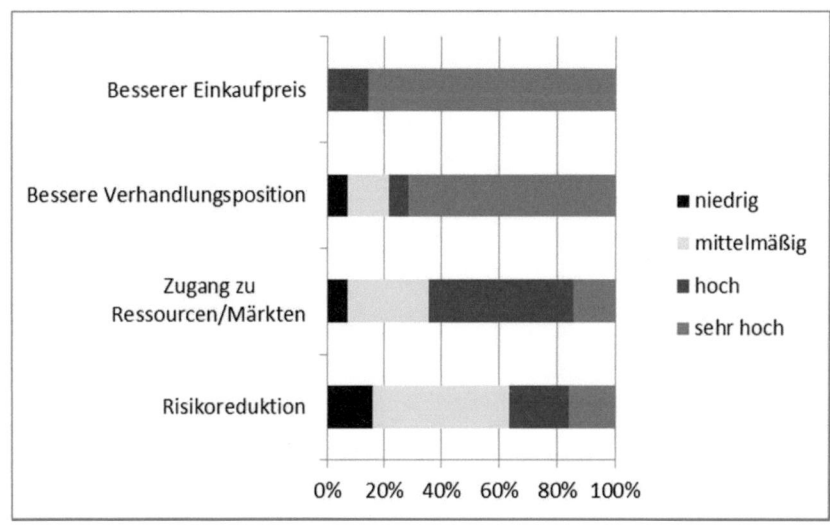

Abb. 15: Gründe für das Eingehen einer Einkaufkooperation; Quelle: Pfohl / Shen 2007, S 99

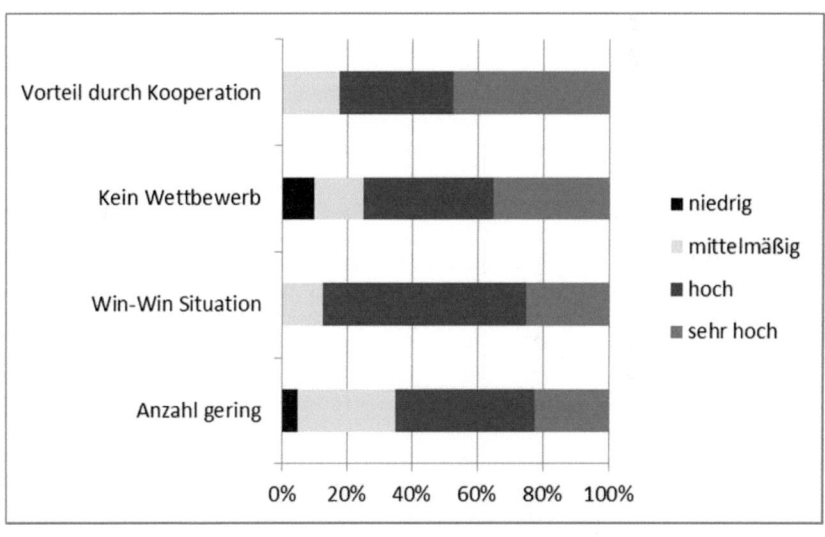

Abb. 16: Erfolgsfaktoren einer Einkaufkooperation – strategischer Fit; Quelle: Pfohl / Shen 2007, S 101

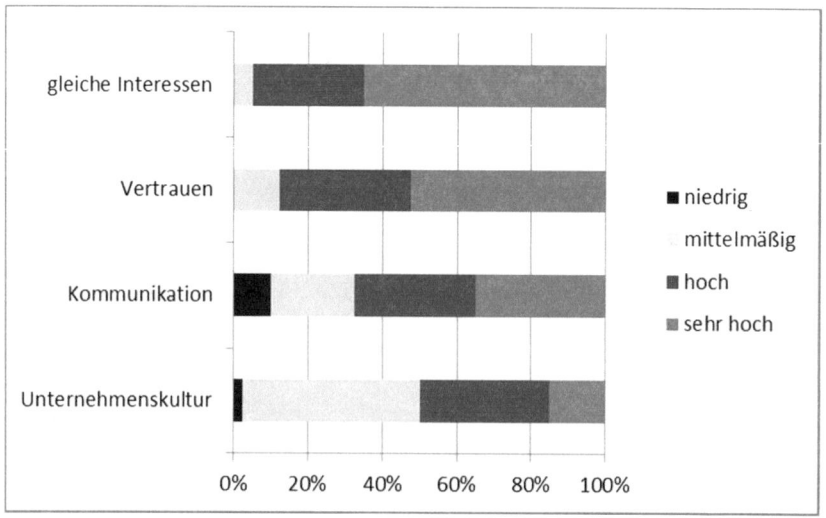

Abb. 17: Erfolgsfaktoren einer Einkaufkooperation – kultureller Fit; Quelle: Pfohl / Shen 2007, S 101

Als Spezifika der Beschaffung (auf Basis der Untersuchung des Mittelstandes der Elektroindustrie) kann darüber hinaus zusammenfassend festgehalten werden:

- Die Gründe für die Sourcing-Strategie sind günstigere Einkaufspreise und Spezialisierung mancher Länder bzw. Regionen.
- Die Lieferantenstrategie zielt auf Erhalt der Unabhängigkeit und die Wahrung einer größeren Flexibilität.
- Unternehmen gehen (deshalb) hauptsächlich kurzfristige Lieferkontakte ein, obwohl sich gerade langfristige Lieferanten-Abnehmer-Beziehungen bei geringerem Gesamtauswand effizienter und intensiver gestalten lassen (sinkende Transaktionskosten).
- Know-how und Qualität des Lieferanten bilden wichtige Kriterien, logistikrelevante Gründe spielen eine untergeordnete Rolle.
- Es besteht durchaus eine Bereitschaft für Kooperationen (49% haben Interesse), es fehlt jedoch ein passender Partner – bzw. ist noch nicht gefunden (72%).

In Bezug auf die Zulieferbeziehungen steht im Rahmen der hier durchgeführten Untersuchung zunächst die Frage im Mittelpunkt, in welcher Form und Intensität die KMU die internationalen Geschäftsbeziehungen zu ihren Lieferanten unterhalten und wie sich diese speziell in den letzten Jahren entwickelt haben – die zusammenfassenden Ergebnisse der beiden Befragungen sind in den Abbildungen 18 und 19 dargestellt.

Man kann feststellen, dass im Bereich von Komponenten (und Modulen) internationale Beschaffungsbeziehungen auch für KMU tendenziell üblich sind. Die Beschaffung von C-Teilen, aber auch von Systemen im Ausland ist weniger üblich. Auffallend ist, dass über 50% der Befragten keine internationale Lohnfertigung vornehmen lassen. Allerdings ist damit noch nicht die Frage beantwortet, ob sie überhaupt Lohnfertigung durchführen lassen. Auffallend ist vor allem der Tatbestand zum Global Sourcing in Form eines internationalen Beschaffungsverbundes. 60% der untersuchten Unternehmen pflegen keine derartigen internationalen Geschäftsbeziehungen, Beschaffungsallianzen auf internationaler Ebene finden kaum statt.

Interessant ist vor allem die zeitliche Entwicklung dieser Beziehungen. Hierzu wurde die Entwicklung in den letzten fünf Jahren erfragt. Auffällig ist, dass für die meisten KMU trotz der zunehmenden Globalisierung, eine Stagnation zu beobachten ist. Insgesamt gesehen jedoch hat die internationale Beschaffung an Bedeutung gewonnen; dies gilt vor allem für den Bereich Komponenten, Module und Systeme.

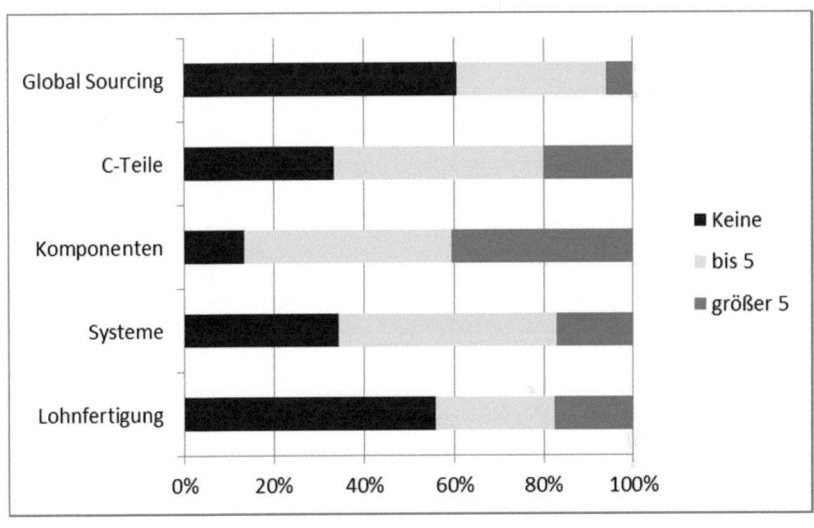

Abb. 18: Anzahl der internationalen Zulieferbeziehungen; Quelle: Eigene Daten

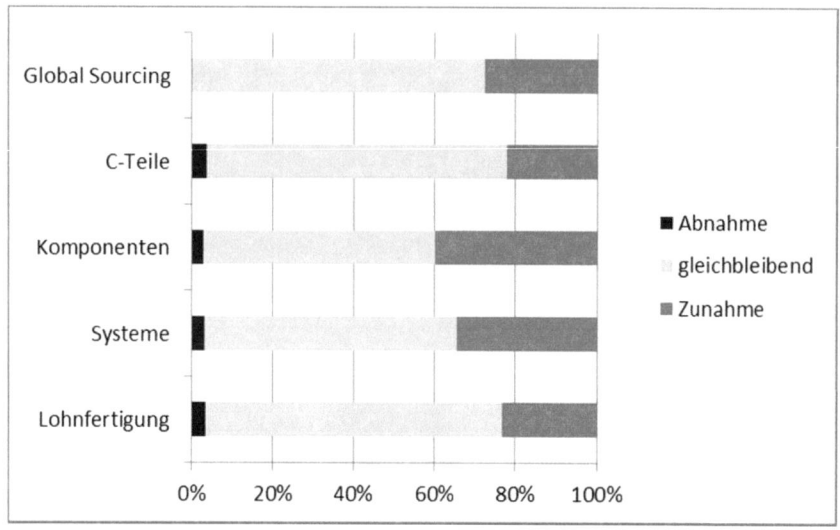

Abb. 19: Entwicklung der internationalen Zulieferbeziehungen; Quelle: Eigene Daten

Daraus leitet sich als **Handlungsempfehlung** ab:

Im Rahmen der internationalen Zulieferbeziehungen ist von einem Teil der KMU deren Bedeutung, speziell auch für die Zukunft, erkannt worden; allerdings gilt für den Großteil der KMU, dass sie noch stärker den Fokus auf die Internationalisierung ihrer Zulieferbeziehungen, speziell auch für C-Teile und Beschaffungsallianzen, legen sollten.

Dieses Ergebnis gilt für beide einzelnen Untersuchungen (neben Werheid 2013 auch Bruse 2013).

Bei der Vertragsgestaltung existieren bei dem Großteil der KMU Rahmenverträge zwischen ihnen und den Lieferanten. Etwa 60% der Unternehmen schließen Rahmenverträge ab, davon die Hälfte über 3 bis 4 Jahre (hierzu und zur Begründung siehe Werheid 2013, S. 82).

Bzgl. der Entwicklung der internationalen Zulieferbedingungen kann festgestellt werden, dass die Häufigkeit der Transaktionen und die Anforderungen an die Geschäftsbeziehungen tendenziell zugenommen hat (siehe Abbildung 20).

Dies gilt also für die internationalen Zulieferbeziehungen analog zu den Kundenbeziehungen. Insgesamt ist dies beim Datensample 2 ausgeprägter zu beobachten als beim Datensample 1 (Bruse 2013 bzw. Werheid 2013, S. 84).

Die Anzahl der Geschäftsbeziehungen scheint dagegen in Summe in den letzten fünf Jahren scheint eher konstant geblieben zu sein, die Ergebnisse hierzu kann man als Stagnation interpretieren. Dies ist besonders interessant im Hinblick auf die Bewertung der Aussage über die Häufigkeiten der Wechsel an Lieferanten. Es werden eher bestehende Geschäftsbeziehungen ausgebaut, anstatt neue aufzubauen. Dies deckt sich mit der Transaktionskostentheorie nach der die Transaktionskosten für den Aufbau neuer Beziehungen höher sind als die von bestehen Geschäftsbeziehungen (hierzu auch Werheid 2013, S.84f.).

Für die nächsten fünf Jahre wird von einer ähnlichen Entwicklung ausgegangen wie in den vergangenen fünf Jahren (Details siehe Abbildung 21). Die Extrapolation der Vergangenheit in die Zukunft findet hier analog zu wie den Kundenbeziehungen statt.

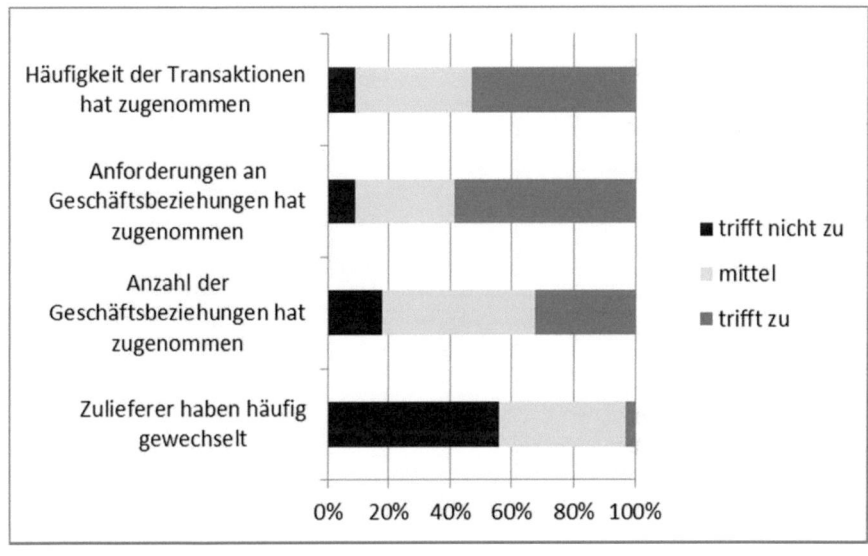

Abb. 20: Entwicklung der Zulieferbeziehungen in den letzten 5 Jahren; Quelle: Eigene Daten

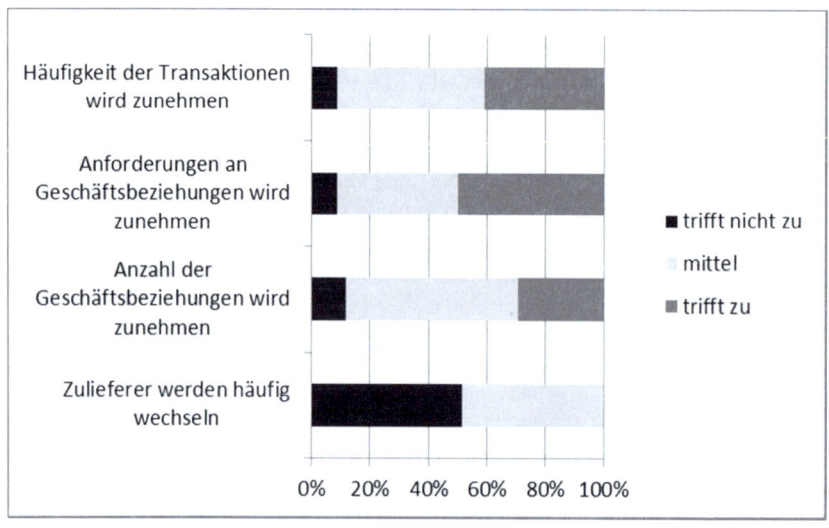

Abb. 21: Entwicklung der Zulieferbeziehungen in den nächsten 5 Jahren; Quelle: Eigene Daten

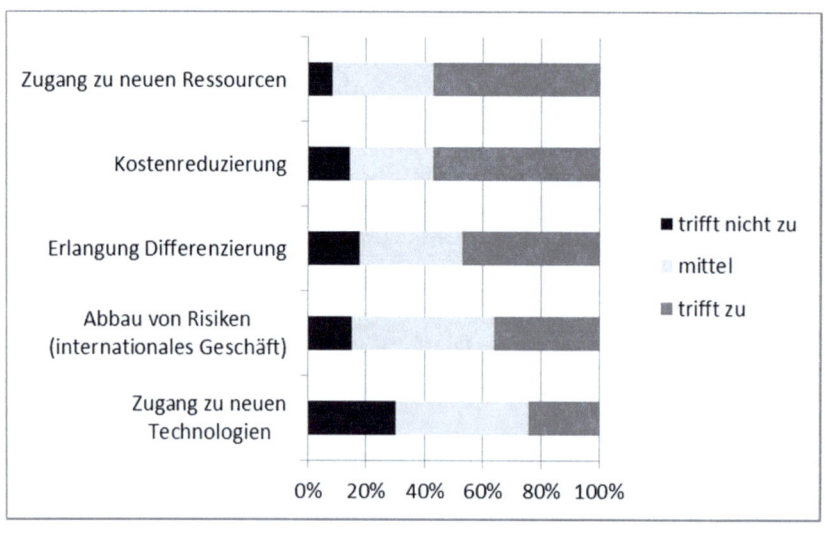

Abb. 22: Ziele der Zulieferbeziehungen; Quelle: Eigene Daten

Bei der Untersuchung der Bedeutung internationaler Zulieferbeziehungen innerhalb der Wertschöpfungskette sind zunächst vor allem die damit verbundenen Ziele zu klären. Hierbei stellt sich heraus, dass die wichtigsten Ziele der Zugang zu neuen Ressourcen und die Kostenreduzierung sind (siehe Abbildung 22). Ein Motiv wäre, international tätig zu werden, um an Ressourcen zu gelangen, die im Inland nicht zur Verfügung stehen (Nichtverfügbarkeitsansatz). Das Ziel der Kostenreduzierung könnte auch mit der Tatsache in Verbindung stehen, dass die Mehrzahl der Unternehmen keine oder nur kurzfristig Rahmenverträge abschließen. Allerdings sind bei kurzfristigen Geschäftsbeziehungen die Transaktionskosten höher. Insofern scheint die Kostensenkung in Form der Reduzierung der Transaktionskosten für diese Unternehmen nicht so entscheidend zu sein. Es kann jedoch vermutet werden, dass man sich nicht über die Höhe der Transaktionskosten bewusst ist (hierzu Werheid 2013, S. 83). Während das Ziel der Kostenreduzierung speziell für das Datensample 1 sehr ausgeprägt ist, gilt dies weniger für die Ergebnisse aus dem Datensample 2. Auch wenn man beachtet, das Datensample 2 deutlich mehr Kleinst- und Kleinunternehmen enthält, kann man zu diesem Punkt derzeit noch keine eindeutigen Aussagen machen.

Für beide Befragungen gilt, dass der Zugang zu neuen Technologien kein spezielles Ziel für die Zulieferbeziehungen darstellt. Für etwa ein Viertel der Unternehmen trifft dies nicht zu. Hier besteht durchaus zukünftig Potential für die KMU.

Daraus leitet sich als **Handlungsempfehlung** ab:

Im Rahmen der internationalen Zulieferbeziehungen sollte dem Zugang zu neuen Technologien mehr Gewicht beigelegt werden. Gerade auf technologischem Gebiet sind die Wettbewerbskräfte nicht zu unterschätzen (z.B. im Rahmen der „five forces" – nach Porter 1980 - die Bedrohung durch Substitutionsprodukte und technologische Entwicklungen).

Insgesamt kann man als Ergebnis festhalten: Die Zulieferbeziehungen bilden einen zunehmend wichtigeren Teil innerhalb der Wertschöpfungskette. Es konnte festgestellt werden, dass hier eine hohe Lieferantentreue besteht und bestehende Beziehungen werden eher ausgebaut als Neue aufgebaut.

4.4 Erfolgreiche Gestaltung – Management internationaler Geschäftsbeziehungen

Die Erfolgsausprägung manifestiert sich neben den Erfolgsinhalten besonders auch in den Erfolgsfaktoren. Sie resultieren vor allem aus Faktoren im Zusammenhang mit den Transaktionskosten sowie bestehenden Abhängigkeiten. Die Ergebnisse der Untersuchungen zu diesem Aspekt sind in den nachstehenden zwei Abbildungen aufgeführt.

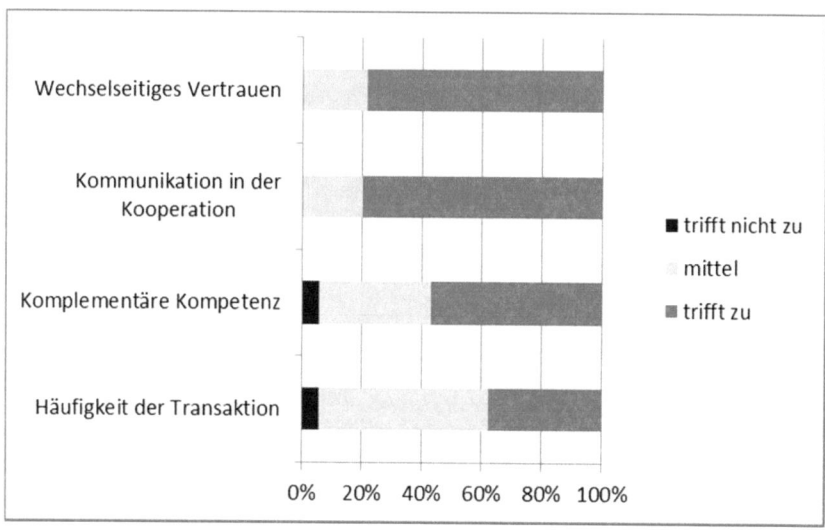

Abb. 23: Erfolgsfaktoren internationaler Geschäftsbeziehungen – Transaktionskosten; Quelle: Eigene Daten

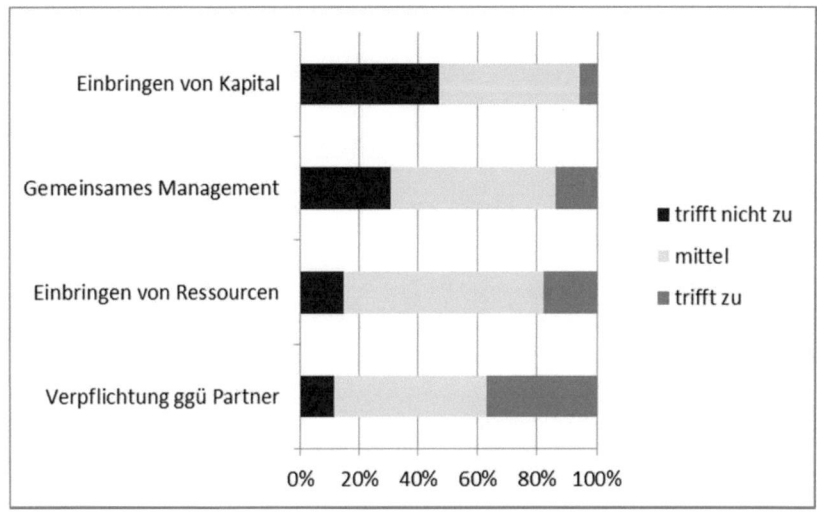

Abb. 24: Erfolgsfaktoren internationaler Geschäftsbeziehungen – Abhängigkeiten;
Quelle: Eigene Daten

Die Resultate lassen sich zusammenfassend wie folgt interpretieren:

- Eine Reduzierung der Transaktionskosten durch Kommunikation, wechselseitiges Vertrauen oder Häufigkeit tragen aus Sicht der KMU zum Erfolg bei.
- Das Einbringen von Ressourcen bzw. speziell Kapital oder gemeinsames Management werden als weniger relevant für den Erfolg angesehen.
- Insgesamt werden Abhängigkeiten als kaum nützlich wahrgenommen und Zusammenschlüsse bzw. Kooperation nicht ins Auge gefasst.
- KMU befürchten ihre Eigenständigkeit zu verlieren; dieses Ergebnis einer Abneigung gegenüber Zusammenarbeit deckt sich mit der schon zitierten Untersuchung bzgl. Einkaufsgemeinschaften (siehe Pfohl / Shen 2007, S. 100f.)

Daraus leitet sich als **Handlungsempfehlung** ab:

Im Rahmen der Gestaltung des Managements sollte weniger auf Eigenständigkeit gesetzt werden, sondern auf Basis von aufzubauendem wechselseitigem Vertrauen dem Zugang zu Kooperationen bzw. Netzwerken mehr Gewicht beigelegt werden.

61

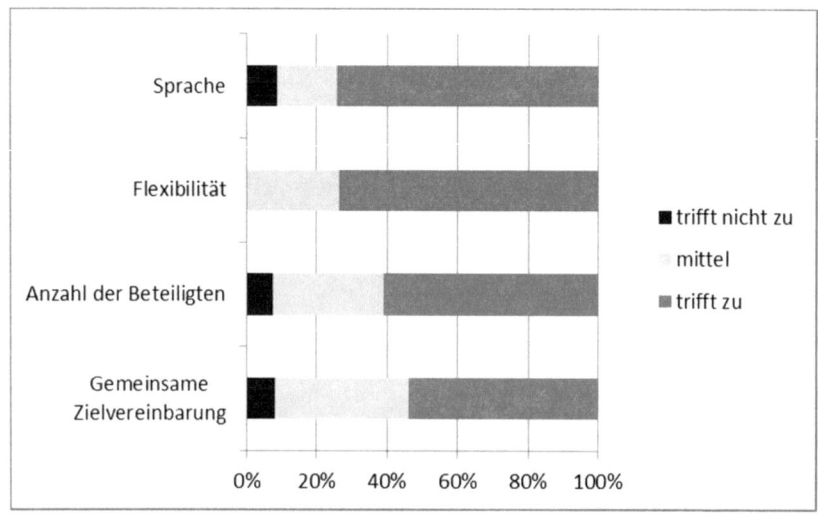

Abb. 25: Bedeutung des Managements für erfolgreiche Gestaltung internationaler Geschäftsbeziehungen – sehr wichtig; Quelle: Eigene Daten

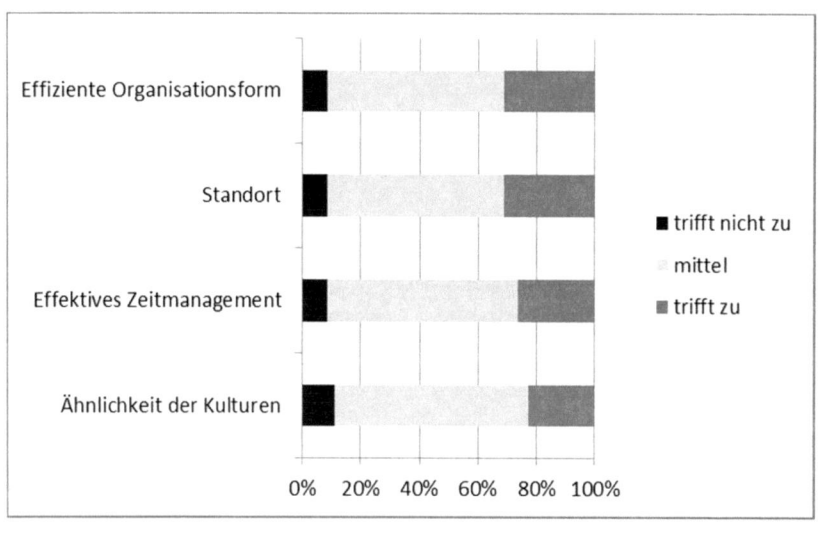

Abb. 26: Bedeutung des Managements für erfolgreiche Gestaltung internationaler Geschäftsbeziehungen – weniger wichtig; Quelle: Eigene Daten

62

Die Bedeutung der einzelnen Elemente im Rahmen der inhaltlichen Ausgestaltung des Managements ist in den Abbildungen 25 und 26 dargestellt. Hieraus kann man folgende ableiten:

- Sehr große Bedeutung beinhalten Flexibilität und Anzahl der Beteiligten.
- Weniger wichtig – insgesamt jedoch nicht vernachlässigbar – sind Ähnlichkeit der Kulturen, effiziente Organisationsform bzw. Zeitmanagement.
- Die gemeinsame Zielvereinbarung wird (überraschenderweise) als nur durchschnittlich bedeutet für eine erfolgreiche Gestaltung des Managements angesehen.
- Sehr große Bedeutung hat immer noch die Sprache – sie wird wichtiger als die Ähnlichkeit der Kulturen eingeschätzt.

Daraus leitet sich als **Handlungsempfehlung** ab:

Im Rahmen der Gestaltung des Managements wird der kulturelle Einfluss von vielen KMU unterschätzt und sollte stärker in den Fokus rücken. Auch einer gemeinsamen Zielvereinbarung wäre im Rahmen von vertrauensbildenden Maßnahmen ins Auge zu fassen.

Machtverhältnisse

(a) Kunden

Bei der Betrachtung der Abhängigkeiten ist zu erkennen, dass die KMU eher vom Kunden abhängen als umgekehrt (siehe Abbildung 27). Bemerkenswert ist, dass fast ein Viertel der Unternehmen keine Abhängigkeiten verspürt und zwar in beiden Richtungen. Dieses Resultat ergab sich für beide Befragungen. Nach Einschätzung der Unternehmen beruht das Interesse der Geschäftsbeziehung mit den Kunden auf Gegenseitigkeit und eine vertrauensvolle Beziehung ist beiden Partner sehr wichtig. Die Unterstützung der Kunden ist groß, aber etwa ein Viertel der Unternehmen wird auch vom Kunden unterstützt.

Die Abhängigkeiten wurden ergänzend mit dem Fisher-Exact-Test geprüft. Aus dem Datensample 1 gab es eine Indikation, dass es anscheinend einen Zusammenhang zwischen der Abhängigkeit des wichtigsten Kunden im Hinblick auf qualitativ höherwertige Produkte gibt (signifikant mit einer Irrtumswahrscheinlichkeit $p=0,02$ und einem Phi von $0,69$; siehe Werheid 2013, S.95f.) sowie auch bzgl. der Existenz von Rahmenverträgen. Dies konnte innerhalb der Auswertung des Datensamples 2 nicht bestätigt werden. Hier bestanden diese Abhängigkeiten tendenziell eher im Zuge der Abhängigkeit des betrachteten Unternehmens von Kunden, allerdings mit recht hohen Irrtumswahrscheinlichkeiten (p=0,33 bzw. p=0,12).

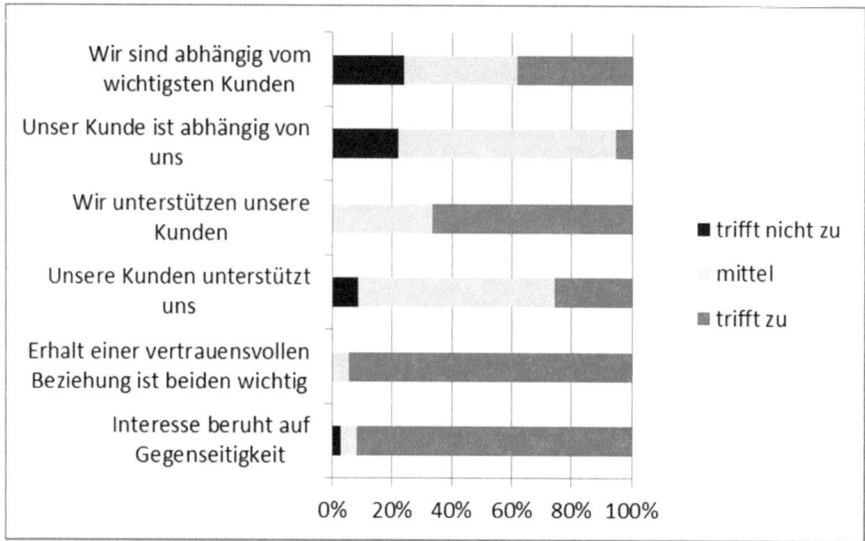

Abb. 27: Abhängigkeiten bei Kundenbeziehungen; Quelle: Eigene Daten

(b) Zulieferbeziehungen

Speziell untersucht wurden zudem die Machtverhältnisse und Bindung an den Lieferanten. Es konnte festgestellt werden, dass die Abhängigkeit von den Zulieferern tendenziell insgesamt gestiegen ist. Im Einzelnen kann man festhalten:

Die Abhängigkeiten zwischen den KMU und den wichtigsten Zulieferern ist von mittlerer Ausprägung (siehe Abbildung 28). Allerdings sind sie nach eigener Einschätzung etwas mehr von den Lieferanten abhängig als umgekehrt. Dieses Ergebnis ergibt sich aus beiden Befragungen. Weiterhin ist in beiden Befragungen erkennbar, dass sich die Parteien teilweise gegenseitig unterstützen und dass Vertrauen innerhalb dieser Beziehungen eine große Rolle spielt. Insgesamt lassen die Resultate die Vermutung zu, dass die geringe Wechselhäufigkeit der Lieferanten (siehe S.47) auf ein zugunsten der Lieferanten ausgeprägtes Machtverhältnis zurückzuführen ist (siehe auch Werheid 2013, S. 85).

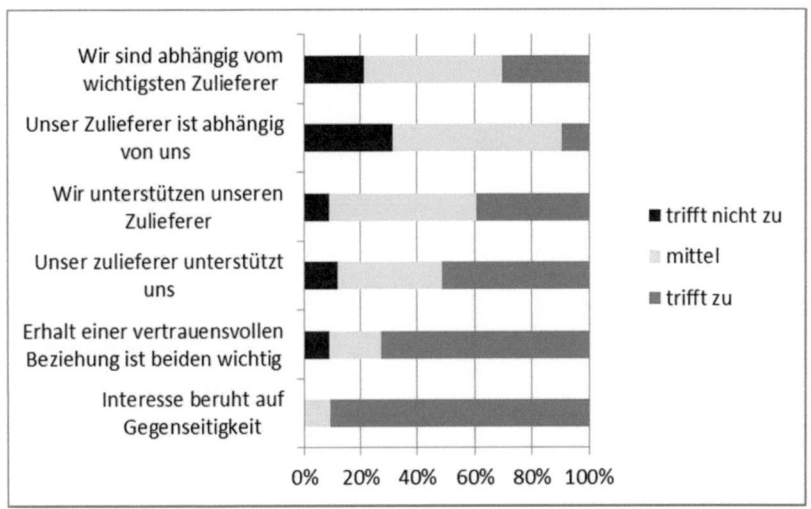

Abb. 28: Abhängigkeiten bei Zulieferbeziehungen; Quelle: Eigene Daten

Auf Basis des Datensample 1 konnte mittels Fisher-Exact-Test ein signifikanter Zusammenhang zwischen der Abhängigkeit des Unternehmens gegenüber seinem wichtigsten Zulieferer und der Entwicklung der Anforderungen an die Zulieferbeziehungen festgestellt werden (Irrtumswahrscheinlichkeit p=0,003 und Phi 1,0) sowie auch dem Zugang zu nicht verfügbaren Ressourcen und höherwertigen Produkten (ebenda, S.86f.). Dies konnte nur sehr eingeschränkt durch das Datensample 2 bestätigt werden. Der Zusammenhang zwischen Abhängigkeit uns Zugang zu neuen Ressourcen erbrachte eine Signifikanz von p=0,40 und die zum Zugang zu neuen Technologien von p=0,37.

Bezüglich der Machtverhältnisse und Bindung an den Lieferanten kann man festhalten:

- Es besteht eher eine Abhängigkeit von Lieferanten als umgekehrt.
- Zulieferer spielen eine wichtige Rolle zur Deckung der Kundenbedürfnisse.
- Die Abhängigkeit von den Zulieferern ist tendenziell insgesamt gestiegen.
- Es besteht aber nur teilweise ein Zusammenhang zwischen der Abhängigkeit gegenüber dem Zulieferer und (1) der Entwicklung der Anforderungen an die Zulieferbeziehungen **sowie** (2) der Herstellung qualitativ höherwertiger Produkte.

Daraus leitet sich als **Handlungsempfehlung** ab:

Insgesamt kann der Schluss gezogen werden, dass mittelständische Unternehmen auch auf der Beschaffungsseite stärker auf (langfristige) Kooperationen setzen sollten => **Netzwerkbildung.**

Die Ergebnisse für eine **Erfolgreiche Gestaltung eines kooperativen Managements** lassen sich wie folgt zusammenfassen (speziell nach den Ergebnissen der durchgeführten Tests auf Basis der Faktorenanalyse von Datensample 1, siehe hierzu Werheid 2013, S.75 bis 80):

(1) Die Frage nach dem Management bestätigt die Bindungsangst der KMU:
- Flexibilität in der Organisation wird im Rahmen der internationalen Geschäftsbeziehungen höher eingeschätzt als gemeinsames Management.
- Sprache wird für eine erfolgreiche Gestaltung internationaler Geschäftsbeziehungen eine höhere Bedeutung beigemessen als kulturelle Ähnlichkeit.
- Der Bedeutung der kulturellen Aspekte sollte innerhalb der Internationalisierung (noch) mehr Aufmerksamkeit geschenkt werden.

(2) Als Erfolgsfaktoren können gelten:
- Vertrauen und Kommunikation sind sehr wichtige Erfolgsfaktoren für internationale Beziehungen.
- Um Erfolg im Faktor Qualität zu generieren, gehen Unternehmen auch Geschäftsbeziehungen mit direkten Konkurrenten ein.
- Erfolg im Faktor Größenvorteile wird speziell durch gemeinsames Management und Controlling erreicht.
- Erfolg durch Wachstum wird speziell erreicht durch
  o Einbringen von Ressourcen,
  o Einbringen von Kapital.

(3) Die erfolgreichen Unternehmen sind eher bereit, enge Bindungen einzugehen.

Daraus leitet sich als **Handlungsempfehlung** ab:

Die Überlegungen zur Coopetition (Schaffung von „collaborative advantage") sind bei den KMU noch nicht verankert. Hier besteht in der Zukunft Handlungsbedarf.

5 Fazit und Ausblick

Die untersuchten Hypothesen und angestrebten Ziele bezogen sich auf die Bedeutung der einzelnen Stufen im Wertschöpfungsprozess sowie der internationalen Geschäftsbeziehungen in Form von Zusammenarbeit allgemein. Das Vorgehen war wie folgt:

Basis der Ergebnisse sind zwei Befragungen, die im Februar/März und Juni /Juli 2013 in der Region Köln durchgeführt wurden; die erste Befragung erfolgte im Rahmen einer Masterthesis, die zweite im Zusammenarbeit mit der IHK zu Köln (Hinweis in deren Newsletter). Die Ergebnisse beruhen auf Antworten von insgesamt 38 KMU.

Wesentliche Ergebnisse der empirischen Studie (beide Befragungen kamen zu praktisch identischen Aussagen) sind:

- Die Internationalisierung der Geschäftsbeziehungen wird als sehr bedeutsam angesehen.
- Internationalisierung bleibt dabei für KMU das Konzept der Zukunft.
- Einen wichtigen Aspekt bildet der internationale Informationsaustausch.
- Die Beweggründe resultieren vor allem aus dem Marktbereich, er steht speziell im Fokus - insgesamt sind die Mittelständischen Unternehmen auf der Absatzseite globaler ausgerichtet als auf der Beschaffungsseite.
- Zeitvorteile wie „time to market" und „weiche Faktoren" der Produktpolitik wie termingerechte Lieferungen oder die Möglichkeit interorganisationalem Lernen stehen im Zuge der Internationalisierung weniger im Vordergrund.
- Es besteht tendenziell zukünftiges Erfolgspotenzial bei den internationalen Aktivitäten auf der Kostenseite, speziell durch Zusammenarbeit in der Realisierung von Größenvorteilen.
- Die Bedeutung von Wettbewerbsvorteilen durch Erlangung von Differenzierung ist nur bedingt ein Ziel der internationalen Kundenbeziehungen.
- In Zukunft sollte das Handlungsfeld Einkauf im Rahmen der internationalen Geschäftsbeziehungen noch weiter gestärkt werden.
- Sowohl für Kundenbeziehungen als auch für Lieferantenbeziehungen wird von höheren Anforderungen ausgegangen, wobei eine relativ stabile Beziehung bei den Partnern erwartet wird.

- Erfolgsfaktoren für eine erfolgreiche internationale Geschäftsbeziehung sind vor allem Vertrauen und Kommunikation.
- Flexibilität in der Organisation wird im Rahmen der internationalen Geschäftsbeziehungen höher eingeschätzt als gemeinsames Management.
- Sprache wird für eine erfolgreiche Gestaltung internationaler Geschäftsbeziehungen eine höhere Bedeutung beigemessen als kulturelle Ähnlichkeit - Der **Bedeutung der kulturellen Aspekte** sollte innerhalb der Internationalisierung (noch) mehr Aufmerksamkeit geschenkt werden.

Als übergreifende **Handlungsempfehlungen**, die aus der Studie gewonnen werden können, kann man summarisch noch einmal festhalten:

- Keine Scheu vor gemeinsamen Management, Schaffen von „collaborative advantage", arbeiten in Netzwerken.
- Eingehen von Bindungen, z.b. auch durch Einbringen von Ressourcen.
- Im Netzwerk intensiv kommunizieren und Vertrauen aufbauen.
- Kooperationen in ausgewählten Bereichen auch mit direkten Konkurrenten aufbauen (z.b. im Bereich Qualitätsverbesserungen, Innovationen), Überlegen zur Coopetition forcieren.

Die obigen Ausführungen stellen nochmals einige Aspekte der bereits beschriebenen umfänglichen empirischen Ergebnisse der Befragung dar. Diese müssen anhand von weiteren Befragungen verifiziert werden. Vor allem die Auswirkung der Größe oder der Branche sollte weiterhin noch untersucht werden.

Literaturverzeichnis:

Albach, H. (1991);
Joint Venture – Praxis uinternationaler Unternehmenskooperatiuonen, Zeitschrift für Betreiebswirtschaft 1/91, Wiesbaden 1991

Albach, H. (1992);
Strategische Allianzen, strategische Gruppen und strategische Familien, in: Zeitschrift für Betriebswirtschaft, 62. Jg., Nr.6, S.663-670

Arnold, U. (1998);
Beschaffungsmanagement, 2. überarb. Aufl., Stuttgart 1998

Bassem, A., Behnam, M. und D. Gilbert (2001);
Internationalisierung des Mittelstands. Ergebnisse einer empirischen Studie zum Internationalisierungsverhalten deutscher mittelständischer Unternehmen, in: Zeitschrift für Betriebswirtschaft, 71. Jg. 2001, Nr. 4, S.413-423

Bogaschewsky, R. (Hrsg.) (2007);
Beschaffung vor dem Hintergrund der Globalisierung. Entwicklungen, Strukturen, Prozesse, Dresden 2007

Brink, S., Hoffmann, M. und F. Wallau (2010);

BDI-Mittelstandspanel 2010 – Ergebnisse der Mittelstandsbefragung aus Frühjahr und Herbst 2010, in: Institut für Mittelstandsforschung (Hrsg,), IfM-Materialien Nr. 202, Bonn 2010

Bruse, H. (2011);
Globalisierung – Wer treibt wen?, Vortragsmanuskript anläßlich Tag der offenen Tür am 19. Februar 2011, Bergisch Gladbach 2011

Bruse, H. (2013);
Internationale Geschäftsbeziehungen von Mittelständischen Unternehmen, Zwischenergebnis zum Forschungsprojekt, Bergisch Gladbach Juli 2013

Bruse H. (2014);
Internationale Geschäftsbeziehungen von Mittelständischen Unternehmen, Ergänzung zur IHK-Mitteilung (IHKplus, Juli/August 2014), Bergisch Gladbach Januar 2014

Bruse, H. (2015);
Management internationale Geschäftsbeziehungen. Work smarter - Bildung von Unternehmensnetzwerken, BoD Norderstedt 2015

Bühl, A. (2012);
SPSS 20 – Einführung in die moderne Datenanalyse, 13. akt. Aufl. München 2012

Dowling, M. und Chr. Lechner (1998);
Kooperative   Wettbewerbsbeziehungen: Theoretische   Ansätze   und
Managementstrategien, in: Die Betriebswirtschaft, 58. Jg., Nr.1, 1998, S. 86-102

Europäische Kommission (2003);
EMPFEHLUNG DER KOMMISSION vom 6. Mai 2003 betreffend die Definirion der
Kleinstunternehmen sowie der kleinen und mittleren Unternehmen, www.eur-
lex.europa.eu

Habermann, Th. (2007);
Qualitative Erfolgsfaktoren internationaler Geschäftsbeziehungen zwischen deutschen
und spanischen Unternehmen – Untersucht am beispiel der Maschinenbaubranche,
Dissertaiton, Frakfurt am Main 2007

Hermesch, M. (2002);
Die Gestaltung von Interorganisationsbeziehungen – Theoretische sowie empirische
Analysen und Erklärungen, Dissertation, Lohmar 2002

IFM Bonn (2012);
Mittelstand in Deutschland, www.ifm-bonn.org

IFM Bonn (2013);
KMU-Definition des IfM Bonn, www.ifm-bonn.org

IHK (1014);
Mittelstand, Mittendrin, in IHKpls Juli/August 2014, S. 28-38

Hermesch, M. (2002);
Die Gestaltung von Interorganisationsbeziehungen – Theoretische sowie empirische
Analysen und Erklärungen, Dissertation Lohmar 2002

Hollensen, S. (2011);
Global Marketing – A Decision-Oriented Approach, 5. Aufl. Harlow 2011

Holtbrügge, D. und M. Welge (2010);
Internationales Managemtnt, 5.Aufl. Stuttgart 2010

Johanson, J. und J.-E. Vahlne (1977);
The Internationalization Process of the Firm – A Model of Knowledge Development ans
Increasing Foreign Market Commitments, in: Journal of International Business Studies, 8.
Jahrgand 1977, Nr. 2, S. 23-32

Kayser, St. (2013);
Internationale Informationsbeziehungen von mittelständischen Unternehmen, in: Theorie trifft Praxis. 20 Jahre Fachhochschule der Wirtschaft in NRW, Bergisch Gladbach 2013, S.116-131

Kranzusch, P. und M. Holz (2013);
Internationalisierungsgrad von KMU. Ergebnisse einer Unternehmens-befragung, Institut für Mittelstandsforschung Bonn, IfM-Materialien Nr. 222, Bonn 2013

Kutschker, M. und St. Schmid (2011);
Internationales Mangement, 7. Aufl., München 2011

Luo, Y. (2007);
A Coopetititon Perspective of Global Competition, in: Journal of World Business, 42. Jg., Nr. 2, 2007, S.129-144

Meckl, (2010);
Internationales Management, 2. Aufl., München 2010

Morschett, D., Schramm-Klein, H. und J. Zentes (2009);
Strategic International Management – Text and Cases, Wiesbaden 2009

Perlitz, M. und R. Schrank (2013);
Internationales Management, 6. vollst. neu bearb. Aufl. Stuttgart 2013

Picot, A., Reichwald, R. und R.T. Wigand (2003);
Die grenzenlose Unternehmung – Information, Organisation und Management, 5. Aufl. Wiesbaden 2003

Pfohl, H.-Chr. Und X. Shen (2007);
Internationale Beschaffung der Mittel- und Kleinbetriebe - Stand, Entwicklungstendenz und Problemfelder, in: R. Bogaschewsky (Hrsg.), Beschaffung vor dem Hintergrund der Globalisierung : Entwicklungen, Strukturen, Prozesse, Frankfurt/Main 2007, S. 90-112

Picot, A. (1982);
Transaktionskostenansatz in der Organisationstheorie: Stand der Diskussion und Aussagewert, in: Die Betriebswirtschaft, Nr. 2, 1982,S. 267-284

Picot, A / Reichwald R. / Wigand, R.T. (2003);
Die grenzenlose Unternehmung, 5. Aufl., Wiesbaden, Gabler 2003

Porter, M.E. (1980);
Competitive Strategy. Techniques for Analyzing Industries and Competitors, New York 1980

Roemer, E. (2014);
Internationales Marketing Management, Stuttgart 2014

Rogge, R. (2012);
Charakteristika und Typologien internationaler Unternehmensnetzwerke – Mit besonderem Fokus auf Informationsnetzwerke, Masterthesis, Fachhochschule der Wirtschaft FHDW, Paderborn 2012

Schramm-Klein, H. (2012);
Internationale Markteintrittsstrategien – Eine State-of-th-Art-Betrachtung, in: Zentes, J. (Hrsg.), Markteinstrittsstrategien. Dynamik und Komplexität, Wiesbaden 2012, S.23-50

Stölzle, W. und Ph. Kirst (2006);

Potenziale des Global Sourcing – Ergebnisse der Purchasing Performance Excellence Studie 2006. Präsentation auf Schmalenbach Arbeitskreis, Frankfurt a.M.. 7. Juli 2006

Sydow, J. (2001);
Zwischenbetriebliche Kooperationen, in: Jost, P.-J. (Hrsg.), Der Transaktionskostenansetz in der Betriebswirtschaftslehre, Stuttgart 2001, S. 417-447

Sydow, J. und St. Duschek (2011);
Management uinterorganisationaler Beziehungen: Netzwerke – Cluster – Allianzen, Stuttgart 2011

Williamson, O.E. (1991);
Comparative Economic Organization: The Analysis of Discrete Structural Alternatives, in: Administrative Science Quarterly, 26. Jg. 1991, Nr. 2, S. 269-296

Welge, M.K., und A. Al-Laham (2012);
Strategisches Management. Grundlagen – Prozess – Implementierung, 6. Akt. Aufl., Wiesbaden 2012

Werheid, A. (2013);
Charakteristika von Kunden- und Zulieferbeziehungen in mittelständischen Unternehmen, Masterthesis, Fachhochschule der Wirtschaft FHDW, Bergisch Gladbach 2013

Wittig, A. (2005);
Management von Unternehmensnetzwerken. Eine Analyse der Steuerung und Koordination von Logistiknetzwerken, DUV Wiesbaden 2005

Zentes, J. (Hrsg.) (2012);
Markteintrittsstrategien. Dynamik und Komplexität, Wiesbaden 2012

Anhang:

Frage	Aussage
1.1.	Allgemeine Beurteilung von internationalen Geschäftsbeziehungen
1.2.	Internationalisierung des Unternehmens
1.3.	Bedeutung der Internationalisierung
2.1. a)	Intensität der Zulieferbeziehungen
2.1. b)	Zeitliche Entwicklung der Zulieferbeziehrhungen
2.1. c)	Bedeutung der Zulieferbeziehungen im Vergleich zum Inland
2.2. a)	Intensität der Kundenbeziehungen
2.2. b)	Zeitliche Entwicklung der Kundenbeziehungen
3.1.	Motive für internationale Geschäftsbeziehungen
3.2.	Hemmnisse der Entstehung von internationalen Geschäftsbeziehungen
3.3.	Struktur der wichtigsten Zulieferbeziehungen
3.4.	Ziele der wichtigsten Zulieferbeziehungen
3.5.	Struktur der wichtigsten Kundenbeziehungen
3.6.	Ziele der wichtigsten Kundenbeziehungen
3.7.	Wichtigste Kundenbeziehungen für das Unternehmen
3.8.	Motive für internationale Geschäftsbeziehungen
4.1.	Gegenseitiger Nutzen der Geschäftsbeziehungen
4.2.	Beziehung zum wichtigsten Kunden / Lieferanten
4.3.	Erfolg der Geschäftsbeziehungen
4.4.	Wichtige Faktoren für erfolgreiche Geschäftsbeziehungen
4.5.	Zeitliche Entwicklung der Geschäftsbeziehungen (letzte 5 Jahre)
4.6.	Zeitliche Entwicklung der Geschäftsbeziehungen (nächste 5 Jahre)
5.	Demographische Daten des Unternehmens

Tabelle A1: Aussagen der Fragen; Quelle: EigeneDarstellung

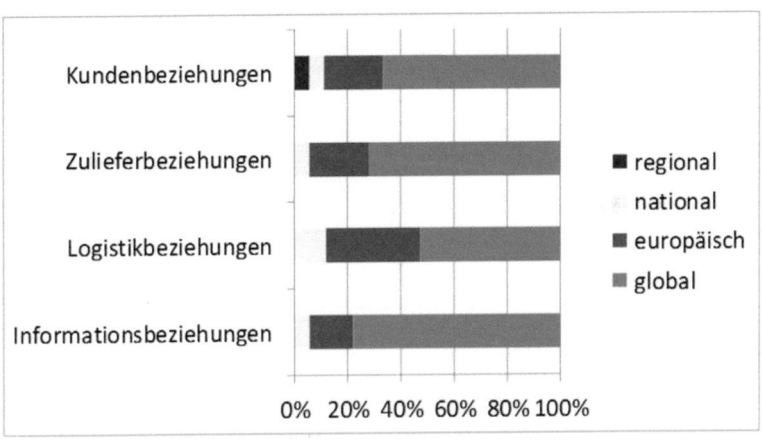

Abb. A1:   Einbindung in internationale Geschäftsbeziehungen; Quelle: Eigene Daten

73

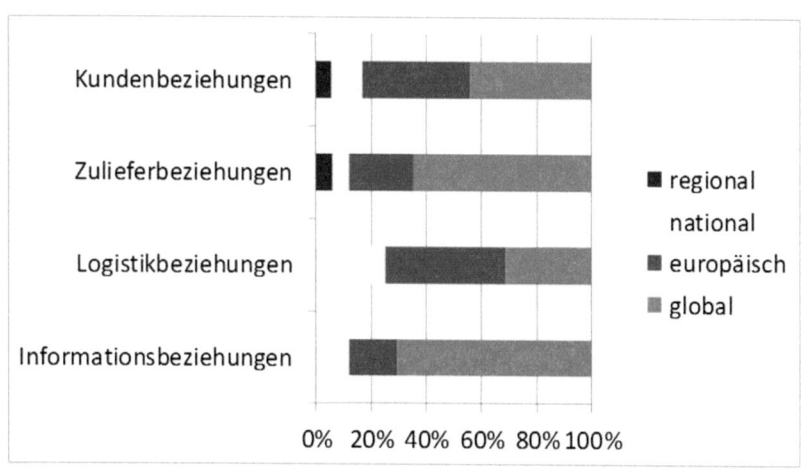

Abb. A2: Bedeutung der internationalen Geschäftsbeziehungen; Quelle: Eigene Daten

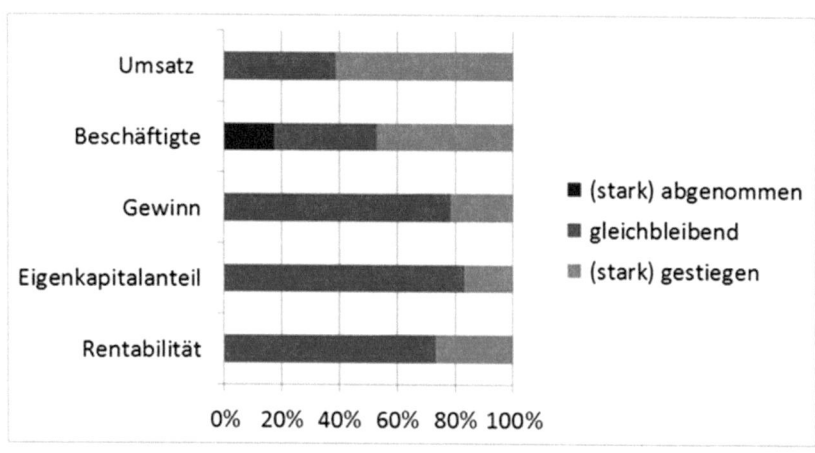

Abb. A3: Entwicklung der Unternehmen des Datensamples 2 in den letzten 5 Jahren; Quelle: Eigenen Daten

Rotierte Komponentenmatrix Komponente	Faktor 1: Qualität	Faktor 2: Größen- vorteile	Faktor 3: Vertriebs- management	Faktor 4: Beschaffung
Termingerechte Lieferungen	0,751	0,446	-0,099	0,025
Schnellere Reaktion auf Marktentwicklungen	0,747	0,394	0,17	0,246
Möglichkeit interorganisationalen Lernens	0,705	0,105	0,444	0,211
Geringere Koordinationskosten	0,683	0,080	-0,022	0,422
Steigerung der Kundenzufriedenheit	0,647	0,107	0,304	0,463
Qualitativ höherwertige Produkte	0,617	0,587	-0,189	0,151
Größenvorteile Produktion	0,204	0,891	0,246	0,102
Größenvorteile Einkauf	0,216	0,850	0,203	0,178
Gewinnung neuer Kunden	0,183	0,015	0,897	0,124
Steigerung des Absatzes	-0,278	0,169	0,851	0,206
Höhere Innovationfähigkeit	0,502	0,303	0,766	-0,157
Zugang zu nicht verfügbaren Ressourcen	0,088	-0,069	0,285	0,770
Zugang zu nicht günstigeren Ressourcen	0,298	0,372	0,003	0,758
Geringere Produktionskosten	0,422	0,446	-0,106	0,700

Erklärter Anteil an der Gesamtvarianz	25,79%	19,33%	19,10%	16,44%

Abb. A4: Faktorenanalyse der Erfolgsgrößen; Quelle: Eigene Daten

Region	Derzeit	Geplant - fallend	Geplant - gleich	Geplant - steigend
Westeuropa	34,6	15,8	57,9	26,3
Osteuropa	17,9	13,5	26,3	60,5
USA / Kanada	14,1	13,1	63,2	23,7
China	17,9			
(Sonstiges) Asien	14,1	10,5	34,2	55,3

Abb. A5: Bezugsländer und Entwicklungstendenzen der Beschaffung; Quelle: Pfohl / Shen 2007